EDUCAÇÃO E AFETO

Coordenação Editorial
Cristiane Rayes e Daniela Rocha

EDUCAÇÃO E AFETO

Literare Books
INTERNATIONAL
BRASIL · EUROPA · USA · JAPÃO

© LITERARE BOOKS INTERNATIONAL LTDA, 2023.
Todos os direitos desta edição são reservados à Literare Books International Ltda.

PRESIDENTE
Mauricio Sita

VICE-PRESIDENTE
Alessandra Ksenhuck

DIRETORA EXECUTIVA
Julyana Rosa

DIRETORA DE PROJETOS
Gleide Santos

RELACIONAMENTO COM O CLIENTE
Claudia Pires

EDITOR
Enrico Giglio de Oliveira

EDITOR JÚNIOR
Luis Gustavo da Silva Barboza

ASSISTENTE EDITORIAL
Gabriella Meister

REVISORES
Ivani Rezende

CAPA E DESIGN EDITORIAL
Lucas Yamauchi

IMPRESSÃO
Gráfica Paym

Dados Internacionais de Catalogação na Publicação (CIP)
(eDOC BRASIL, Belo Horizonte/MG)

E24   Educação e afeto: as linguagens do amor para uma aprendizagem
significativa / Coordenadoras Cristiane Rayes, Daniela Rocha. –
São Paulo, SP: Literare Books International, 2023.
16 x 23 cm

Inclui bibliografia
ISBN 978-65-5922-463-0

1. Educação afetiva. 2. Afeto (Psicologia). 3. Educação de
crianças. I. Rayes, Cristiane. II. Rocha, Daniela.

CDD 370.153

Elaborado por Maurício Amormino Júnior – CRB6/2422

LITERARE BOOKS INTERNATIONAL LTDA.
Alameda dos Guatás, 102 – Saúde– São Paulo, SP. CEP 04053-040.
+55 11 2659-0968 | www.literarebooks.com.br
contato@literarebooks.com.br

SUMÁRIO

7 FREFÁCIO
Miriam Rodrigues

9 COMO ESTÁ SUA FAMÍLIA? A IMPORTÂNCIA DO AMBIENTE E DAS RELAÇÕES SEGURAS
Cristiane Rayes

19 COMO O AFETO IMPACTA O CÉREBRO DAS CRIANÇAS COM TDAH?
Daniela Rocha

27 A CONSTRUÇÃO DE VÍNCULO NA FAMÍLIA ADOTIVA
Ana Paula Dieb Coronado e Débora Sampaio

35 AFETO E DISCIPLINA POSITIVA
Bete P. Rodrigues

43 AFETO: A ENERGÉTICA DO CONHECIMENTO
Carmen Silvia Carvalho

51 ADAPTAÇÃO ESCOLAR
Danielle Alemão

59 A AFETIVIDADE NAS SALAS DE ALFABETIZAÇÃO
Fabiana Borges

69 EU VEJO VOCÊ, EU OUÇO VOCÊ: A IMPORTÂNCIA DA ESCUTA AFETIVA NO PERÍODO DE ACOLHIMENTO E INSERIMENTO ESCOLAR
Gislaine Esnal Garcia

77 PAIS E FILHOS EMOCIONALMENTE SAUDÁVEIS E CRIATIVOS
Iara B. Urbani Peccin

87 PROFESSOR E AFETO: A EDUCAÇÃO TRANSFORMA VIDA
Iolanda Garcia

95 TEORIA DO APEGO NA FORMAÇÃO DE VÍNCULOS FAMILIARES
Jacqueline Vilela Gomes Kikuti

103 COMUNICAÇÃO AFETIVA E OS GRUPOS DE WHATSAPP NA ESCOLA
Juliana Cristina Fadel

113 INCLUSÃO AFETIVA
Kelen Cristina de Lima

121 A IMPORTÂNCIA DA RELAÇÃO AFETIVA ENTRE A ESCOLA E A FAMÍLIA
Ligia Souza

127 AFETO CONTRA A INVISIBILIDADE
Lília Caldas

135 A POSTURA SISTÊMICA DOS PAIS E PROFESSORES FRENTE AO DIAGNÓSTICO
DA CRIANÇA
Maira Itaboraí e Sílvia Patrício Casagrande

143 A IMPORTÂNCIA DO AFETO NA FORMAÇÃO DE PROFESSORES
Maira Tangerino

151 A IMPORTÂNCIA DO AUTOCONHECIMENTO E DOS VALORES DOS PAIS NA
FORMAÇÃO DOS FILHOS
Maria Carolina Lizarelli Bento de Rezende

159 RELAÇÃO AFETIVA: O LEGADO INESQUECÍVEL ENTRE O PROFESSOR E O
ALUNO ADOLESCENTE
Narcizia Gomes

167 VAMOS DESCOBRIR COMO CONSTRUIR AS EMOÇÕES COM AS CRIANÇAS DE
0 A 3 ANOS?
Renata Cottet

175 AUTOCONHECIMENTO: ITINERÁRIO IMPRESCINDÍVEL AO OLHAR AFETIVO DO
COORDENADOR PEDAGÓGICO
Renata Oliveira

183 TEMPO DE EDUCAR
Romilda de Avila Pereira Almeida

191 AFETIVIDADE: SUAS INTERAÇÕES E SUAS IMPLICAÇÕES NA EDUCAÇÃO VIRTUAL
Waldyane Zanca Coutinho

PREFÁCIO

Sem que percebemos, fomos "hipnotizados "de uma maneira muito negativa em relação à educação durante nossa vida. Castigos, punições, vinganças, retrucamentos. Falta acolhimento e sobram represálias. E por conta disso, passamos a achar que esse modelo era algo natural. O perigo de acharmos que algo é natural, é que paramos de questionar e vamos apenas reproduzindo padrões, perpetuando um ciclo de violência psíquica e dor emocional.

Ferimos e somos feridos.

E hoje, estamos aqui, no prefácio deste livro que propõe educar com afeto. Uma publicação que uniu esforços de várias profissionais que permitiram nos mostrar: pode ser diferente. Compilando ações em um volume que te convida à um fazer com conexão. De trazer o amor da forma mais prática possível, para que possamos estar emocionalmente disponíveis, e fomentar recursos internos e externos, permitindo assim, o florescimento humano.

Prover temáticas como a afetividade no processo de alfabetização, o afeto na formação do professor, escuta afetiva, a importância do autoconhecimento parental para a formação dos filhos entre outros tão encantadores quanto, são modos de se possibilitar o crescimento do amor nas relações.

O amor é o nutriente essencial para nossa vida e deve ser renovado dia após dia. Quem já fez meus cursos, sabe que costumo iniciar minhas aulas dizendo que precisamos enxergar as crianças com luz, para que elas possam ver em nossos olhos a própria luz refletida em nosso olhar.

É isso que o livro Educação e afeto propõe, práticas que iluminam e rompem o ciclo negativo de educar.

Boa leitura!

Miriam Rodrigues

Psicóloga especialista em Psicologia Clínica e Medicina Comportamental pela UNIFESP. Idealizadora da Educação Emocional Positiva, programa psicoeducacional de competências socioemocionais e habilidades para o bem estar presente em todos os estados brasileiros e em alguns países como Espanha, Argentina, Estados Unidos, Portugal e Japão. Autora e coautora de mais de 20 livros nas temáticas de psicologia positiva, educação emocional e terapia cognitiva. Supervisora clínica. Psicóloga com 20 anos de experiência em atendimento de crianças, adolescentes, adultos, grupo e casal.

Educação e afeto

1

COMO ESTÁ SUA FAMÍLIA?

A IMPORTÂNCIA DO AMBIENTE E DAS RELAÇÕES SEGURAS

A harmonia e os vínculos familiares positivos trazem benefícios para o desenvolvimento saudável, relações interpessoais, saúde mental e bem-estar de todos. Este capítulo aborda a importância do ambiente seguro, das relações afetivas, e da autorregulação dos adultos, além de trazer reflexões sobre você e seu contexto familiar, visando à autoconsciência, ao fortalecimento das práticas positivas, ao encorajamento e, se necessário, à busca por novas atitudes.

CRISTIANE RAYES

Cristiane Rayes

Contatos
cristianerayes@gmail.com
Instagram: @crisrayes
11 98573 0444
11 5071 1331
11 96346 6078

Mãe dos amados Mariana e Vitor. Psicóloga clínica e educacional há 30 anos, atuando no atendimento de crianças, adolescentes, adultos e na orientação de famílias. Especialista em orientação familiar e processos psicoterapêuticos, terapia cognitivo-comportamental, distúrbios de aprendizagem, mediação de conflitos; com formação em EMDR. Desenvolvimento de projetos de habilidades socioemocionais e treinamento de professores. Responsável e coordenadora do curso de Especialização em Orientação Familiar e Educação Parental no InTCC (RJ). Idealizadora de jogos e materiais terapêuticos, como Prumo das Emoções, Jogo da Coragem e Confiança, Coleção *Feelings*, Dinâmica e Comunicação Familiar, Luva 5 As, Eu Sou e Eu Posso ser. Autora do baralho *Animação, Corujas em Ação* e dos livros *Autoestima de A a Z* e *Superando os Medos de A a Z*, publicados pela Literare Books International.

O ambiente e o clima familiar

Nossa casa precisa ser um ambiente seguro, tanto em questão de espaço físico adequado quanto para atender nossas necessidades básicas de bem-estar e psicossociais. Deve ser o lugar onde nos sentimos acolhidos, pertencentes e amados. Um lugar seguro no qual confiamos e temos a liberdade de expressar nossas opiniões, onde temos nossas emoções validadas e onde as fraquezas, as dificuldades, os medos e as angústias são compreendidos e acolhidos. Um ambiente com regras, com práticas educativas positivas e encorajadoras e com relações de afeto e respeito.

Estudos apontam a importância do clima familiar, ou seja, as relações e interações satisfatórias e adequadas como fator de proteção para um crescimento saudável. Fatores de proteção são variáveis ambientais, biológicas, genéticas e sociais que favorecem o desenvolvimento saudável, mesmo quando a criança vivencia momentos de estresse ou situações negativas.

O clima familiar positivo oferece suporte às necessidades da criança, favorecendo o melhor desempenho de habilidades socioemocionais e acadêmicas, aceitação de si, empatia, adaptação a novos contextos, menor probabilidade de ocorrência de abuso sexual, de vitimização, de agressão e de problemas comportamentais, segundo diferentes estudos de Petrucci (2016) e Bolsoni-Silva e Del Prette (2003).

Famílias com vínculos fortalecidos tendem a ser mais funcionais, possuem maior capacidade de autorregulação e habilidade para a resolução de problemas, diminuindo, assim, a presença de conflitos e outros tipos de problemas relacionais. Por outro lado, existem lares ameaçadores, hostis, rígidos e conflituosos. A presença de comunicação violenta, educação rígida e/ou negligente e violência física e emocional são fatores de risco para o desenvolvimento de problemas emocionais e comportamentais na infância, que se estenderão para a vida adulta e gerar traumas que podem marcar a relação familiar.

Cristiane Rayes

Fatores de risco são condições ou variáveis que expõem a criança a situações adversas, corroborando para o aparecimento de desordens comportamentais e/ou emocionais, interferindo em qualquer área do seu desenvolvimento de maneira negativa.

Georgiou e Stavrinides (2013) mostraram em seus estudos a relação elevada entre conflito familiar e experiências de *bullying* e de vitimização entre estudantes. Marturano e Elias (2016) mostraram a relação entre adversidade familiar e os problemas internalizantes e externalizantes nas crianças. Além disso, as relações e o clima negativo associados à falta de afeto e vínculos resultam em baixo rendimento escolar, dificuldades de concentração, problemas de memória e comportamentos hiperativos (MATOS, 2014). Sendo assim, também interferem no desenvolvimento cognitivo e no processo de aprendizagem escolar.

Alguns fatores que interferem nas dinâmicas

As relações familiares podem ser disfuncionais devido a diversos fatores e eventos de vida estressantes. Estresse da rotina, falta de rede de apoio, problemas financeiros, problemas psiquiátricos, uso de substâncias, conflitos conjugais e características individuais dos membros da família são alguns exemplos de fatores que causam interferência.

A rotina diária intensa e os cuidados com filhos, somados a outras responsabilidades geram períodos de grande tensão e conflitos no ambiente familiar. Muitos pais chegam à exaustão com quadros de estresse, fadiga e irritabilidade constante.

As altas exigências dos pais em relação ao rendimento escolar são fatores que interferem na relação entre pais e filhos. Crianças e adolescentes sentem-se ansiosos e temerosos devido às reações negativas, punitivas e comparativas dos pais diante de seu desempenho escolar, desenvolvendo quadros de ansiedade, depressão, sentimento de inferioridade, solidão, crenças de desvalor e desamparo, além de outros comprometimentos psicológicos. Certamente, esses sentimentos não são apenas de crianças e adolescentes, mas de muitas pessoas que são cobradas demasiadamente, não são acolhidas e compreendidas. Precisamos de um lar que nos ampare e aceite nossas dificuldades e fraquezas. Imagine o quanto é difícil estar triste e envergonhado por não ter tido um bom rendimento e ainda temer a reação dos pais.

Os padrões repetitivos, intensos e persistentes de negligência, desvalorização, xingamento, crítica, manipulação, humilhação, abandono, ameaça, rejeição e falta de diálogo caracterizam violência emocional, causando traumas e, como consequência, necessidade de reconhecimento e aprovação; isso pode gerar transtorno de ansiedade, depressão, baixa autoestima, estresse pós-traumático, perfeccionismo, rigidez, somatização, hipervigilância e risco de suicídio. Assim são os pais ausentes e/ou inadequados, não oferecendo suporte afetivo, não reconhecem as necessidades emocionais dos filhos e não respeitam as relações.

Quanto às divergências conjugais, brigas, ofensas, discussões e distanciamento do casal, esses podem levar a uma separação ou não. Alguns casais passam a vida se "espetando" dentro de casa ou vivem separados, porém, na mesma casa, em um lar onde a comunicação é agressiva ou negligente. É comum, em situações mal resolvidas do casal que um dos pais se aproxime mais do filho e o outro se distancie. Pode ocorrer também alienação parental antes da separação, ou seja, os pais falam mal ou difamam um ao outro para a criança dentro da própria casa; enfim, as crianças ficam aprisionadas aos conflitos conjugais.

Comportamentos dos pais, tais como: disputas pelo amor do filho, chantagens emocionais, colocar a criança como o adulto da relação, infantilizar – ou até mesmo desabafar sobre suas angústias para o filho – são frequentes em lares com conflitos conjugais. Constante insatisfação, irritação e estado emocional dos pais influenciam as práticas educativas e a relação com os filhos, trazendo instabilidade ao lar e, consequentemente, afetando o desenvolvimento psicológico de todos.

Crianças e adolescentes precisam viver em um lar harmônico, precisam de figuras significativas de apoio, que lhe acolham e ajudem a superar as situações estressantes. Eles também precisam de regras, orientações e referências; portanto, é necessário estar bem para educar.

Nem sempre está tudo bem...

A importância da autorregulação parental e das habilidades de resolver problemas

Se sua família vive em um ambiente com clima e relações familiares negativas, é de extrema urgência buscar novas práticas, atitudes e, até mesmo, ajuda profissional. Porém, a realidade é que, mesmo vivendo em um lar acolhedor, passamos por situações desafiadoras, estresses diários, momentos difíceis e conflituosos que fazem parte da rotina e das relações humanas, e não há nada de errado com isso. A grande questão é termos consciência e

Cristiane Rayes

capacidade para enfrentarmos as situações, buscando soluções adequadas e equilíbrio emocional.

Educar um filho não é uma tarefa simples. Muitas vezes, os pais entram em conflito por discordarem das práticas educativas, seja por padrões de educação aprendidos, influências dos novos padrões e até mesmo por suas próprias expectativas e angústias. As adversidades dos pais, quando não administradas de forma adequada e dependendo da frequência e intensidade, interferem na qualidade da relação entre pais e filhos e podem gerar quebra de vínculos afetivos. A maneira como fomos criados, nossas crenças, interpretações e pensamentos influenciam na maneira de lidarmos com as situações desafiadoras.

Uma das maiores dificuldades nos momentos de estresse é a capacidade de regulação dos estados de raiva e hostilidade. Os pais ou adultos responsáveis precisam saber gerenciar suas próprias emoções, ter a capacidade de tolerar, regular sentimentos desagradáveis e ter manejo para lidar com suas vulnerabilidades.

As adversidades trazem sentimento de insegurança e fragilidade, mas são essenciais para aumentar nossa capacidade de encontrar soluções e desenvolver a criatividade. As habilidades de autorregulação dos pais contribuem para o processo de aprendizagem da criança por meio da internalização de modelos, princípios, regras e valores. As crianças que não desenvolvem estratégias seguras para lidar com suas emoções não são capazes de tolerar os sentimentos negativos e administrar as situações estressantes.

Habilidades que favorecem a autorregulação

O primeiro passo para lidar com situações difíceis é reconhecer que elas existem, sem apontar culpados e, sim, com a percepção e compreensão dos seus sentimentos e comportamentos, com disponibilidade para colaborar e flexibilidade para novas atitudes. Tudo flui melhor na resolução de conflitos quando as pessoas são flexíveis e colaborativas em vez de neutras ou competitivas.

Aqui, cito habilidades importantes que também estão descritas no meu recurso terapêutico Luva da Autorregulação. São meus 5 As favoritos:

- **Autopercepção:** consciência, reconhecimento e capacidade de validar o próprio sentimento.
- **Auto-observação:** capacidade de perceber e supervisionar o próprio comportamento.
- **Autoescuta:** capacidade de se ouvir, modelar palavras e tom de voz.

- **Autoquestionamento:** consciência e capacidade de refletir sobre o próprio pensamento.
- **Atitudes:** habilidade para manter o foco e a direção para ações adequadas.

Essas habilidades favorecem a autoconsciência e a capacidade de frear ou voltar ao equilíbrio diante da desregulação. Você pode refletir sobre cada item, descobrindo o que pode favorecer sua regulação emocional. Além disso, inclua no seu dia a dia o autocuidado, atividades que trazem bem-estar e qualidade de vida como: atividade física, exercícios de respiração, meditação e *mindfulness;* enfim, tudo o que lhe faça bem.

Algumas reflexões

Apesar de diversos estudos, nos últimos tempos, fiz aos meus pacientes e outras crianças e adolescentes, sem intenção de análise quantitativa, as seguintes perguntas: para você, o que faz um ambiente ser seguro? Que ambiente é esse? Quem lhe traz segurança?

Para que as crianças pudessem entender, dei mais explicações.

As respostas mais citadas pelas crianças sobre o que faz um ambiente ser seguro foram: "Meus pais estarem comigo; meus pais estarem tranquilos, ou não estressados". Já entre adolescentes, as respostas mais encontradas foram: "Um ambiente acolhedor e respeitoso; aceitação das vulnerabilidades; ter pessoas que saibam me ouvir sem julgamentos".

As respostas confirmam a importância do ambiente familiar, das relações harmoniosas, diálogo e respeito. Quanto à questão de ambiente seguro, independentemente das idades, as respostas mais citadas foram: "Minha casa; a casa da vovó e do vovô. Muitos adolescentes também citaram: "Meu quarto".

Como é bom ter uma casa, um cantinho seguro e vínculos afetivos. Para os adolescentes, o quarto também é importante por garantir a privacidade necessária nessa fase.

Sobre a pergunta de "quem lhe traz segurança", as respostas das crianças foram: pai, mãe e avós. Quanto aos adolescentes, além dos pais e avós, eles também citaram os amigos ou o melhor amigo.

Na adolescência, o meio social tem grande relevância, porém, o envolvimento dos pais, a presença e o diálogo garantem a sensação de acolhimento e pertencimento.

Os avós são importantíssimos, alguns são referências de vínculos, afeto e segurança para as crianças e adolescentes. Diante dos conflitos familiares, ou até na ausência deles, muitos avós acabam por adotar posturas superprotetoras ou permissivas com seus netos, o que, muitas vezes, gera discordâncias com os pais, mas aqui o intuito é ressaltar as respostas positivas das crianças e adolescentes de quanto os vínculos e o amor recebidos por eles são significativos e, certamente, ficarão na memória e no coração.

Agora é sua vez

Diante de tantos fatos e fatores, venho aqui sugerir breves reflexões sobre seu ambiente seguro, clima emocional e habilidades de autorregulação.

Convido-lhe a responder a essas questões, mas você também pode fazer estas perguntas para sua família. Sugiro que faça suas anotações, assim entenderá o que realmente é importante para você e sua família, podendo rever atitudes que exigem mudanças e fortalecer as práticas positivas.

Sobre ambiente e clima familiar, responda:

Para você, o que faz um ambiente ser seguro?

_____

_____

Qual é seu lugar seguro?

_____

_____

Quem te faz se sentir bem ou seguro?

_____

_____

Como está o clima emocional de sua família?

_____

_____

Quando você pensa nessas questões, quais são seus principais sentimentos?

_____

_____

Agora, vamos refletir sobre situações adversas ou desafiantes.

É importante distinguir a natureza dos conflitos ou situações desafiadoras, como: conflitos conjugais, conflitos em relação à educação dos filhos, na relação entre pais e filhos e conflitos entre irmãos. Pode ser em outro âmbito da vida, como social, profissional etc. Você pode fazer uma lista, classificando-os.

Após fazer essa lista, escolha apenas uma situação desafiante e responda:

Com qual frequência ocorre?

_____

_____

Qual é a intensidade (de 0 a 10)?

_____

_____

Quanto interfere no seu dia a dia?

_____

_____

Quais são as consequências nas relações familiares?

_____

_____

Lembre-se de que não existem famílias perfeitas. Todas passam por situações difíceis e, se essas forem resolvidas de forma adequada favorecerão aprendizagens sobre controle das emoções, formas de agir, de lidar com a frustração e resolução de problemas e, consequentemente, haverá um clima familiar favorável.

Pensando em você, para melhorar seu autoconhecimento e sua habilidade de autorregulação, responda de acordo com a situação desafiadora escolhida.

Diante a dessa situação, qual é sua emoção mais frequente?

_____

_____

Qual ou quais são seus comportamentos?

_____

_____

Você consegue se autoescutar durante essa situação?

_____

_____

O que pensa quando a situação acontece? Acredita em seus pensamentos?

_____

_____

Consegue mudar atitudes ou as mantém?

_____

_____

O que você pode fazer no seu dia a dia para se sentir melhor?

_____

_____

Essas questões favorecem a autoconsciência e podem trazer motivação para mudanças. Para isso, é preciso desenvolver soluções e recursos em busca de novas práticas ou, se necessário, procurar ajuda profissional.

Considerações finais

Chegamos ao final deste capítulo, no qual tive a intenção de mostrar e fazer a reflexão sobre a importância do ambiente seguro, do bom clima familiar e as consequências de sua ausência. Muitas vezes, não nos atentamos a isso, ou não sabemos o que ou como fazer. Precisamos estar atentos a nós, ao nosso desenvolvimento pessoal e às nossas relações, sem nos esquecermos de que somos seres humanos e não somos perfeitos. Não espero que encontre soluções rápidas, mas que tenha adquirido conhecimentos e refletido sobre você, sua família e as maneiras positivas de educar, agir e amar.

Referências

BOLSONI-SILVA, A. T.; DEL PRETTE , A.; OISHI, J. Habilidades sociais de pais e problemas de comportamento de filhos. *Revista Psicologia Argumento*, 2003.

GEORGIOU, S.; STAVRINIDES, P. (2013). Parenting em casa e bullying na escola. *Psicologia social da educação: um jornal internacional,* 2016.

MARTURANO, E. M.; ELIAS, L. C. S. Família, dificuldades no aprendizado e problemas de comportamento em escolares. *Educar em revista,* 2016. Disponível em: <https://www.scielo.br/j/er/a/hZc8jnYNJDsW9tFMP3tbBj-d/?lang=pt&format=pdf>. Acesso em: 04 out. de 2022.

PETRUCCI, G. W.; BORSA, J. C.; KOLLER, S. H. A família e a escolar no desenvolvimento socioemocional na infância. *Temas em psicologia,* 2016.

2

COMO O AFETO IMPACTA O CÉREBRO DAS CRIANÇAS COM TDAH?

Neste capítulo, abordaremos o Transtorno de Déficit de Atenção e Hiperatividade (TDAH) e a importância do afeto para fortalecer vínculos e uma aprendizagem significativa na vida das crianças.

DANIELA ROCHA

Daniela Rocha

Contatos
consultoriodanirocha@gmail.com
Instagram: @danirocha.neuropsicopedagoga
11 94505 5292

Neuropsicopedagoga clínica. Especialista em transtornos do neurodesenvolvimento, dificuldades de aprendizagem, *bullying* escolar e inteligência socioemocional. Coordenadora editorial, escritora best-seller e coautora de livros na área da educação. Formadora de professores da educação infantil ao ensino superior, palestrante em congressos nacionais e internacionais. Autora de jogos psicopedagógicos. Profissional com 28 anos de experiência na área.

A necessidade do amor

Acredito que nascemos para o outro. Nascemos com a necessidade de pertencimento, afeto, de amar e ser amado. A carência afetiva e a não aceitação impacta na aprendizagem e desenvolvimento cerebral de todas as crianças.

Theodor Reik narra que conheceu num orfanato uma menina tão estranha e tão excessivamente reservada que provocava, tanto nas crianças quanto nos adultos, uma profunda aversão.

E tão grande era a animosidade da diretora contra a garota que ela esperava, ansiosamente, uma oportunidade para transferir a menina a outro orfanato. Um dia, uma das órfãs avisou-a ter surpreendido a estranha criança escondendo um papel numa árvore.

Esperançosa de que a menina pudesse estar mantendo correspondência com pessoa alheia à instituição, caracterizando o fato como pretexto válido para transferi-la, a diretora correu à árvore indicada.

Para seu desgosto, encontrou um papel no qual, em tímida caligrafia, a menina dizia: "A qualquer um que encontre este papel: eu te amo."

"Eu te amo". Mais do que isso, essa criança queria dizer: "Eu quero ser amada, eu preciso ser amada" ou, ainda, "quero te amar e vou te amar, intensa e completamente, se me deres um pouco de carinho" (CARDOSO, 1967).

Entendendo mais sobre os tipos de TDAH

Quantas crianças diagnosticadas com Transtorno de Déficit de Atenção e Hiperatividade (TDAH) ainda são julgadas como preguiçosas, mal-educadas e egoístas?

O TDAH é um transtorno que prejudica o desenvolvimento emocional, escolar e social. Por isso, é importante um tratamento multidisciplinar e que

Daniela Rocha

pais e professores compreendam as linguagens do amor para uma aprendizagem significativa.

Segundo a Associação Médica Americana (AMA), "o TDAH é um dos transtornos mais bem estudados na medicina e os dados gerais sobre sua validade são muito mais convincentes que os da maioria dos transtornos mentais, e até mesmo os de muitas condições médicas".

O TDAH tem origem neurobiológica; existem alterações no sistema nervoso, não há cura, porém há tratamento. Os sintomas, geralmente, começam a aparecer na fase escolar; tem causa genética e acompanhará o indivíduo por toda a sua vida. Ele é caracterizado por um padrão persistente de dificuldades de atenção, agitação motora e impulsividade. Está, frequentemente, associado a transtornos psiquiátricos comórbidos (ansiedade e depressão), o que se relaciona a um pior prognóstico, incluindo prejuízos sociais, emocionais e psicológicos.

O Manual Diagnóstico e Estatístico de Transtornos Mentais (DSM-V) classifica o TDAH em três possíveis tipos:

- **TDAH com predomínio de sintomas de desatenção:**

A criança que apresenta dificuldade de sustentar a atenção em um determinado assunto, mas pode ter hiperfoco; por exemplo, em videogame.

São aquelas que se distraem, facilmente, por qualquer estímulo externo; crianças com pernas inquietas; que erram por desatenção; que evitam atividades que demandam muito esforço mental; que parecem não escutar quando chamamos; que possuem dificuldades de organização e gestão de tempo e buscam procrastinar aquelas tarefas que não são interessantes para ela.

- **TDAH com predomínio de sintomas de hiperatividade/impulsividade:**

São aquelas crianças que têm muita energia e parecem que estão sempre a mil por hora; têm muita pressa para fazer as coisas; fala excessiva; inquietas, com muito movimento corporal; dificuldade de esperar e lidar com a frustração. São crianças multitarefas que começam e iniciam, por exemplo, muitas brincadeiras ao mesmo tempo e, quase sempre, não terminam e já passam para a próxima brincadeira.

É aquele aluno que se levanta da carteira durante a aula a todo momento. É impulsivo, quando percebe ele já falou ou teve comportamentos considerados inadequados. Discute com adultos, desafia regras e autoridade.

- **TDAH combinado** (com predomínio de sintomas de desatenção e hiperatividade/impulsividade):

É um combinado de sintomas de desatenção, hiperatividade e impulsividade que causa grande prejuízo em várias áreas da vida da criança, como na escola, na família e na sociedade.

O impacto do TDAH na vida da criança

Muitas crianças com TDAH se sentem incapazes e desconfiam da própria competência e habilidades ao serem comparadas com outras crianças que não possuem dificuldade para realizar ações consideradas como simples pelos pais ou professores. O sentimento de incapacidade pode acontecer devido à cobrança excessiva dos pais, conflitos familiares, tratamento inadequado e ausência de estratégias pedagógicas para lidar com os sintomas do TDAH.

Imagine que, numa sala de aula, João, de oito anos, está sentado próximo à janela e tudo o que acontece lá fora chama sua atenção, carros, pessoas, cores e sons. Enquanto isso, a professora explica o conteúdo na lousa para toda a turma.

A professora chama João para resolver uma conta na lousa. No susto, ele, que estava vendo o mundo correr lá fora, se levanta e vai. Ele tenta fazer a conta e erra, toda a turma ri muito e alguns alunos o chamam de burro e lento. Daquele dia em diante, ele se recusa a ir novamente para a lousa. João vai se tornando uma criança insegura e com baixa autoestima.

Responda:

- João foi para a lousa? Sim ou não?
- João errou a conta por desatenção? Sim ou não?
- João escutou as gargalhadas dos colegas de classe? Sim ou não?
- João viu os alunos rindo dele? Sim ou não?
- João escutou alguns alunos o xingarem de lento e burro? Sim ou não?
- João sentiu no peito a dor da humilhação? Sim ou não?

Quantas crianças passam por situações parecidas com as do João devido a suas dificuldades de aprendizagem e por seu comportamento desatento, hiperativo e impulsivo?

A falta da empatia, afeto, diagnóstico precoce e o desconhecimento de pais e professores sobre o TDAH e as estratégias de manejo dos sintomas impactam negativamente a vida da criança com Transtorno do Déficit de Atenção e Hiperatividade.

Sabe-se que crianças sem diagnóstico e pais que estão esgotados por não saberem mais o que fazer têm mais chances de receber de sua família ou professores repreensões e castigos em vez de encorajamento, sistema de recompensas, ajuda para automonitoramento e estratégias para o manejo dos sintomas.

Daniela Rocha

Pais que colocam o filho de castigo o tempo todo – e apenas apontam os seus erros – e professores que apenas lotam a agenda do aluno com TDAH com recados dos comportamentos inadequados em sala de aula não ajudarão de manejo do transtorno do neurodesenvolvimento e têm grandes chances de intensificar os sintomas e causar mais problemas futuros.

O cérebro da criança com TDAH

O cérebro da criança com TDAH tem dificuldade para produzir a automotivação. Ela age, ou deixa de agir de determinadas maneiras, porque ela, de fato, não consegue. Ela não tem a mesma capacidade que os outros para controlar ou autorregular certos comportamentos. O funcionamento cerebral dela é limitado em alguns aspectos, por isso a importância do tratamento.

A região frontal direita, responsável pelo controle das funções executivas, é a região afetada, bem como verifica-se também déficits nos neurotransmissores: dopamina e noradrenalina.

Quando a criança está fazendo algo de que gosta muito – ou algo perigoso – ela fica, literalmente, estimulada. As atividades estimulantes aumentam a produção de adrenalina, que tem efeito similar a noradrenalina e a dopamina; no caso, deficientes no TDAH.

Os games, em geral, são muito estimulantes. São "brinquedos" produzidos para excitar as pessoas, gerar adrenalina, por isso é comum a queixa de pais de crianças com TDAH, de que "não param para estudar, mas ficam horas no videogame", segundo especialistas.

Como ajudar?

Segundo a Associação Brasileira do Déficit de Atenção (ABDA), a família pode facilitar a aprendizagem significativa e afetiva das crianças com TDAH:

- Por meio de um diagnóstico bem feito por uma equipe multidisciplinar.
- O laudo não deve ser um rótulo na vida da criança e, sim, um ponto de partida.
- Aceitação das reais dificuldades do filho com TDAH.
- Fracionar ou substituir recompensas de longo prazo por recompensas imediatas.
- Produzir fatores de motivação externos. Se a criança não consegue motivar-se sozinha – de dentro para fora –, devemos encontrar formas de motivá-la de fora para dentro.
- As medicações para TDAH são eficientes, pois estimulam, temporária e especificamente, as áreas afetadas do cérebro, compensando o funcionamento.

- A terapia cognitivo-comportamental tem produzido resultados positivos em crianças com TDAH.
- Mesmo com a medicação e com todas as técnicas e estratégias, provavelmente a criança com TDAH sempre vai ter alguma dificuldade nessas questões. De vez em quando, ela vai precisar de "um tempo", uma "folga". Afinal, coisas que são naturais para a maioria das pessoas, para ela exigem esforço triplicado.
- Não crie expectativas de que o desempenho vá se "igualar" ao de quem não tem TDAH. Estimule, reconheça, parabenize e comemore a superação, o avanço, mostrando como ela melhorou em comparação a si mesma.
- Encontre estratégias para utilizar e estimular o hiperfoco em várias áreas da vida da criança.

Lembra da história da menininha órfã que apenas desejava ser amada?

Seu filho ou aluno com Transtorno de Déficit de Atenção e Hiperatividade também quer ser amado e dizer que te ama. Muitas vezes, os comportamentos inadequados e excessivos que estão ligados aos sintomas do TDAH mascaram tal sentimento e desejo de amor e pertencimento.

Como pais, precisamos entender a importância do autocuidado, aceitar que não há família perfeita ou fórmula mágica, que nossa missão no mundo é amar e ser amado, ser guia e encorajar nossos filhos diante de suas dificuldades e habilidades. O afeto e o sentimento de pertencimento são fundamentais.

> *O mundo insiste em ensinar aos nossos filhos que só vale a pena se eles chegarem em primeiro lugar. Eu vibro ao vê-los chegando felizes, no seu tempo, ao seu lugar no mundo.*
> DANI ROCHA

Referências

CARDOSO, O. B. *Problemas da infância*. São Paulo: Melhoramentos, 1967.

KESTELMAN, I. *Motivação e TDAH*. Disponível em: <https://tdah.org.br/motivacao-e-tdah/>. Acesso em: 1 mar. de 2017.

MATTOS, P. *No mundo da lua: 100 perguntas e respostas sobre o Transtorno do Déficit de Atenção com Hiperatividade*. 17. ed. Belo: Horizonte: Autêntica, 2021.

RODRIGUES, M. *Psicologia educacional: uma crônica do desenvolvimento humano*. São Paulo: McGraw-Hill do Brasil, 1976.

3

A CONSTRUÇÃO DE VÍNCULO NA FAMÍLIA ADOTIVA

Uma relação entre pais e filhos é uma relação construída. Este capítulo traz uma reflexão acerca das especificidades que permeiam a vinculação das famílias constituídas por meio da adoção, de modo a contribuir na educação dos filhos, favorecendo o conhecimento da sua história e podendo ser acolhidos nos sentimentos que permeiam a adoção.

ANA PAULA DIEB CORONADO E DÉBORA SAMPAIO

Ana Paula Dieb Coronado

Contato
Instagram: @anapdieb

Psicóloga. Especialista em Terapia Cognitivo-comportamental da infância e adolescência e em Psicopedagogia. Atua há 11 anos na área clínica com crianças e adolescentes. Professora de pós-graduação. Desenvolve, há alguns anos, o curso Psicoterapia Infantil na prática para estudantes e profissionais de psicologia. Autora do livro *Terapia para crianças,* destinado a pais, crianças e psicólogos. Coautora do *Box intenção de mãe*. Mãe de Davi pela via da adoção.

Débora Sampaio

Contato
Instagram: @deborasampaiopsi

Psicóloga. Mestre em Psicologia da Adolescência, terapeuta de casal e família, especialista em Psicopedagogia e Dependência Tecnológica. Atua há 17 anos na clínica. Professora de pós-graduação, desenvolve o curso Adolescência em Questão para Pais e Profissionais. Voluntária do projeto Acalanto Natal. Coautora do livro *Imagina na adolescência*. Mãe de Benjamim pela via da adoção.

Família

> Poucos conceitos evoluíram e modificaram-se tanto ao longo do tempo como o de família. São mudanças tão intensas e rápidas que atualmente temos uma multiplicidade de modelos de família e não há uma definição única e consensual.
> (WEBER, 2011)

Mas há uma reflexão importante que permeará nosso diálogo ao longo deste capítulo: "Hoje, parece claro que a forma da família é menos importante que as relações [...] o significado subjetivo da família está ligado ao afeto" (WEBER, 2011, p. 55).

> Diferentemente de outros momentos da história em que família era definido pela consanguinidade, atualmente entende-se a família como laço de afetividade, de modo que, mesmo quando há uma relação biológica, a relação afetiva construída é o que torna possíveis os vínculos parentais.
> (BISOGNIN; PEREIRA *in* PEREIRA, 2021)

O que vai definir família são os investimentos afetivos; elas são construídas e, para isso, é preciso que todos os filhos sejam adotados (SCHETTINI FILHO; SCHETTINI, 2006). Ter um filho biológico não é condição e sinônimo de fertilidade afetiva, que envolve o desejo e a disponibilidade emocional.

Essa se inicia no despertar de cuidar de um outro ser que independe de sua história inicial, pois o despertar nasce de dentro. E não é de dentro de uma barriga. Na barriga, é gerado um bebê que, ao nascer, se conectará com quem despertou emocionalmente para cuidá-lo. Despertar refere-se a algo acordado, vivo, que tem vida dentro de nós e não necessariamente a vida de um ser. Mas o desejo de fazê-lo viver, a disponibilidade de viver junto afetivamente.

Adoção: um dos caminhos para a formação de uma família

A palavra *adoção* significa "aceitar, escolher". Adotar é acolher o outro com disponibilidade emocional e psicológica, sendo esse filho biológico ou não. Não deve ser impulsiva e nem motivada por gratidão ou piedade, tendo em vista que não é um ato assistencial (SOUZA, 2008). A motivação para a adoção não deve estar alicerçada no desejo de ajuda, e, sim, relacionada ao despertar interno para a vivência da parentalidade.

Torna-se necessário olhar para a dinâmica psicológica da adoção. A adoção não pode ser vista apenas como um fenômeno operacional, ou seja, encontrar uma criança para torná-la filho. O filho adotivo não vem de fora, vem de dentro, como de dentro vem o filho biológico. O filho que se adota é o filho que, afetivamente, é gestado no psiquismo de seus novos pais (SCHETTINI FILHO,1998).

> Adoção é ter um filho pelo desejo de ser pai/mãe que se realiza pela fertilidade emocional e afetiva. É um encontro que envolve amor, preparação e lei.
> (SOUZA, 2014)

> Adotar é dar a alguém a oportunidade de crescer. Crescer por dentro. Crescer para a vida. É inserir uma criança em uma família de forma definitiva e com todos os vínculos próprios da filiação. É uma decisão para a vida.
> (SOUZA, 2008, p. 29)

Construção do vínculo e educação

Estar vinculado significa estar ligado, mutuamente envolvido. Implica um "nós", isto é, uma representação mental que abrange mais do que a soma de dois "eus", já que nela estão envolvidas influências recíprocas, capazes de interferir nos registros passados, nas impressões do presente e na história futura dos pares interligados. A construção desse vínculo se alicerça com acolhimento, aceitação genuína e limites claros (ANTON, 2018).

Essa construção também envolve preparação emocional dos pais e clareza quanto às situações que podem ser vivenciadas, principalmente no início do estágio de convivência. Para essa vinculação, é necessário tempo para se conhecer, ter intimidade, conexões que favoreçam confiança e segurança. Esse processo pode ser influenciado por alguns aspectos: a idade da criança, experiências anteriores que podem envolver instituições de acolhimento, relações com a família biológica, vivência de maus-tratos e adoções anteriores.

É muito comum que os filhos apresentem comportamentos de proteção e busca de segurança afetiva, tais como agradar excessivamente, agressividade, aproximar-se e distanciar-se, visto que, dependendo das rupturas anteriores, eles necessitam se protegerem de uma nova rejeição, separação, abandono ou devolução.

Para que os novos pais compreendam seus comportamentos é importante que conheçam sua história. E diante da necessidade do filho, que os pais possam ter uma escuta acolhedora, demonstrem compreensão e deem suporte emocional.

Novos vínculos são construídos de maneira gradual. Por isso, o processo envolve o período de aproximação e convivência, que vai aumentando para que haja uma adaptação mútua. À medida que a relação vai se fortalecendo, os pais passam a ter a "guarda provisória" do filho, até que seja efetivada a adoção definitiva e o registro civil. Nesse momento, "oficialmente", um novo filho nasce para a família e uma história de vida "renasce".

A incorporação psicológica desenvolve a real filiação por meio dos vínculos emocionais. Ser pai ou mãe está relacionado ao desejo e à capacidade de se envolver afetivamente com outro ser humano. Nesse encontro, estrutura-se a relação de parentalidade que requer a construção de uma base verdadeira, a qual envolve a criança ter o conhecimento de sua origem (SCHETTINI FILHO, 1998).

Para saber lidar com a história de origem do filho, é importante criar uma atmosfera a fim de que ele se sinta livre para falar abertamente, bem como adapte a linguagem para o nível de maturidade emocional e cognitiva da criança/adolescente. A verdade deve ser dita desde o início e com frequência, para que seja acolhido com naturalidade na família. Os pais precisam compreender que a busca pela sua história e pelos genitores não está relacionada com a falta de amor, mas por uma necessidade de entendimento da própria história.

Trata-se de uma questão existencial que não deve ficar no âmbito da imaginação, uma vez que pode levar a interpretações que não condizem com a realidade do seu início de vida, da sua relação com o mundo. Olhar para essa história é começar uma ação educativa humana e, consequentemente, amorosa (SCHETTINI FILHO, 2017).

Os pais precisam ter clareza de que, independentemente da relação de amor e afeto que vão construindo com seus filhos, em algum momento podem surgir emoções decorrentes do abandono e da rejeição vivenciados anteriormente ao encontro da adoção, tendo em vista que a relação atual não anula e apaga os primeiros capítulos da sua história. Quando essas emoções estiverem ativadas, é fundamental que os pais as validem e acolham com abertura para diálogo, sem que façam atribuição interna, isto é, entendendo que não são direcionadas a essa relação atual, mas às necessidades anteriores que não foram atendidas.

E para além dos comportamentos relacionados aos primeiros capítulos dessa história, é importante conhecer e considerar que terão comportamentos relacionados à própria fase de desenvolvimento de vida. Um exemplo disso é quando o filho, diante de uma frustração, verbaliza que gostaria de ter outra mãe. Algo que pode ser comum, independentemente do tipo de filiação.

A partir do conhecimento de todas essas particularidades, como fonte para favorecer a construção de um vínculo seguro, é possível que os filhos se sintam mais seguros e os pais, igualmente seguros, para educar com limites claros, sem se perderem nas emoções relacionadas ao início dessa história.

Uma relação entre pais e filhos é uma relação construída, seja com pais e filhos biológicos, seja com pais e filhos adotivos. Essa relação de filiação, como qualquer outra relação, é um processo dinâmico e não pode parar nunca (WEBER, 2011). Filhos precisam ser concebidos pelo amor de seus pais e o amor não surge com os genes ou sangue, ele sempre precisa ser construído e fortalecido na relação ao longo de todas as etapas da vida.

A adoção está na base de todos os relacionamentos. Pais e filhos necessitam se adotar para que os relacionamentos tenham a profundidade que caracteriza a riqueza das relações humanas (LEVINZON, 2020).

Os filhos precisam se sentir gestados, pertencentes, tendo a certeza de que serão aceitos e amados do jeito como são, de modo que nossas palavras e atitudes possam transmitir: somos seu pai e sua mãe para sempre, você é nosso filho aconteça o que acontecer. Pois, como bem disse Levinzon (2020), "ser adotado significa fazer parte, para sempre, do mundo afetivo do outro. E não é essa a chave da felicidade?".

Referências

ANTON, I. L. C. *Vínculos e saúde mental.* Novo Hamburgo: Sinopsys, 2018.

LEVINZON, G. K. *Tornando-se pais: a adoção em todos os seus passos.* São Paulo: Blucher, 2020.

PEREIRA, V. A. *Parentalidade adotiva: estudos, diálogos e reflexões*. Curitiba: Brazil Publishing, 2021.

SCHETTINI FILHO, L. *Compreendendo os pais adotivos*. Recife: Bagaço, 1998.

SCHETTINI FILHO, L. *Pedagogia da adoção: criando e educando filhos adotivos*. 3. ed. Curitiba: Juruá, 2017.

SCHETTINI FILHO, L.; SCHETTINI, S. S. M. *Adoção: os vários lados dessa história*. Recife: Bagaço, 2006.

SOUZA, H. P. *Adoção: exercício da fertilidade afetiva*. São Paulo: Paulinas, 2008.

SOUZA, H. P.; CASANOVA, R. P. S. *Adoção e a preparação dos pretendentes: roteiro para o trabalho nos grupos preparatórios*. Curitiba: Juruá, 2014.

WEBER, L. *Adote com carinho: um manual sobre aspectos essenciais da adoção*. Curitiba: Juruá, 2011.

4

AFETO E DISCIPLINA POSITIVA

Neste capítulo, vou apresentar brevemente o que é a Disciplina Positiva e como o afeto está presente nessa abordagem. Apresentarei, também, algumas ferramentas práticas sobre como podemos demonstrar nosso afeto e abordarei os perigos de focarmos apenas no afeto e na gentileza.

BETE P. RODRIGUES

Bete P. Rodrigues

Contatos
www.beteprodrigues.com.br
contato@beteprodrigues.com.br
Instagram: @disciplinapositivabrasil
11 97541 3385

É mãe desde 1997, madrasta experiente e, atualmente, "vódrasta" de um lindo garotinho. Atua na área da educação há mais de 35 anos, tem mestrado em Linguística Aplicada (LAEL – PUC-SP) e, atualmente, é palestrante, *coach* para pais, consultora em educação e professora da COGEAE – PUC-SP desde 2006. Tem larga experiência como professora, coordenadora e diretora pedagógica em diferentes contextos (escolas de línguas, escolas particulares e públicas e ONGs). É *trainner* em Disciplina Positiva para profissionais da educação e da saúde, certificada pela Positive Discipline Association e tradutora de sete livros da série *Disciplina Positiva* entre outros materiais. Criadora do programa de Formação Integral de Educação Parental. Prefacista e coautora de diversos títulos, entre eles: *Natureza fora da caixinha*.

Muita gente acha que conhece a disciplina positiva, mas, na verdade, sabe apenas que se trata de uma educação respeitosa, não violenta e não punitiva. Não é apenas isso. A disciplina positiva é uma abordagem socioemocional desenvolvida por Jane Nelsen e outros vários autores, baseada na psicologia de Alfred Adler e Rudolf Dreikurs, e que foca no desenvolvimento de habilidades de vida (sociais e emocionais) em longo prazo. Trata-se de uma mudança de paradigma, pois é baseada no respeito mútuo, ou seja, não respeita apenas os adultos (só firmeza) nem apenas as crianças (só gentileza) e, sim, todos os envolvidos na situação, com gentileza e firmeza ao mesmo tempo. Portanto, é também uma abordagem não permissiva.

Há quem pense que a Disciplina Positiva apresenta truques para que os adultos tenham o controle das crianças e adolescentes. Ao contrário, estamos falando de uma abordagem baseada, também, nas mais recentes pesquisas, práticas e com o foco em tratar todos com dignidade e respeito.

Um grande diferencial dos cursos de Disciplina Positiva é o fato de utilizarmos vivências e dinâmicas para ajudar adultos (pais, mães e educadores) a refletirem sobre seu papel e influência na vida das crianças e adolescentes; e de termos à nossa disposição dezenas de ferramentas práticas que são estratégias respeitosas, encorajadoras, empáticas e eficazes para lidarmos com os diversos comportamentos desafiadores de filhos e alunos. Portanto, podemos afirmar que afeto e amor são essenciais para essa abordagem, como vou demonstrar a seguir, ao apresentar, resumidamente, alguns exemplos de conceitos e ferramentas da disciplina positiva.

Ser gentil e firme ao mesmo tempo – essa é a base da disciplina positiva: o respeito mútuo.

É respeitosa com a criança e com o seu direito à dignidade e ao respeito, e é respeitosa com a responsabilidade do adulto de manter as crianças seguras e de promover a responsabilidade social e o respeito pelos outros.
JANE NELSEN E CHIP DELORENZO

O equilíbrio entre ter ordem e liberdade ao mesmo tempo e de não irmos de um extremo a outro. Afinal, os resultados negativos de uma educação autoritária (extremamente rígida, controladora e sem liberdade ou escolhas) ou de uma educação permissiva (com excesso de liberdade e escolhas, mas sem limites ou ordem) podem ser muitos, como veremos ao final deste capítulo.

Conexão antes da correção – um critério essencial da disciplina positiva é sobre desenvolver, em crianças e adolescentes, o senso de pertencimento e de importância, o que chamamos de conexão. Para essa abordagem, correção não é sinônimo de punição. Ao contrário, estamos falando de educar, ensinar e orientar. Acreditamos na importância de, primeiramente, conectar-se com o outro para garantir que depois possa haver um momento de ensino-aprendizagem.

Garantir que a mensagem de amor fique clara – muitas vezes, mães e pais (outros adultos também) estão tão focados em garantir que algo seja feito, que as regras sejam cumpridas, que as metas sejam atingidas, que acabam entrando em luta de poder com os filhos o tempo todo! Esses filhos podem não identificar o amor por trás daquelas ações e palavras porque, muitas vezes, são palavras ou atitudes rudes demais, talvez até agressivas e ofensivas. Deixar clara a mensagem de amor significa demonstrar que estamos do lado dos nossos filhos e não contra eles.

Estamos falando de um amor incondicional que não depende de boas notas ou bom comportamento. Uma verdadeira aceitação dos pais de quem seus filhos são. Existem muitas formas de demonstrar esse amor e uma delas é o toque, o abraço.

Abraços/toque físico – as pesquisas mais recentes de neurociência já comprovaram a importância do toque humano, como, por exemplo, o "Método Canguru" para o desenvolvimento saudável de bebês recém-nascidos internados na unidade neonatal. Todos os seres vivos se desenvolvem e prosperam melhor quando sentem o calor do toque, do abraço – especialmente os bebês e crianças pequenas que são, absolutamente, dependentes dos cuidadores adultos para sua sobrevivência.

Olho no olho – essa é outra maneira de demonstrar afeto, estabelecer conexão e outra ferramenta da disciplina positiva. Estamos falando de toda uma linguagem não verbal que comunica uma conexão com o outro por meio do olhar, do contato visual – e também da expressão facial, linguagem corporal... Muitas vezes, mães e pais atarefados e consumidos pelos inúmeros afazeres diários não percebem que não olham nos olhos dos filhos. A situação é ainda pior com as crianças pequenas porque são raros os adultos que se abaixam para ficar com seus olhos na altura dos olhos dos seus filhos. Quando fazemos isso, demonstramos não apenas amor e afeto mas, principalmente, respeito pelo outro ser humano diante de nós, independentemente de quem ele seja.

Tempo especial ou momento especial com os filhos/alunos significa ter, regularmente, um tempo exclusivo de qualidade com cada criança/adolescente para que essa pessoa sinta-se ouvida, amada, valorizada, pertencente.

Escuta ativa – estamos falando de uma escuta atenta, empática, focada, na qual nós perguntamos e demonstramos verdadeiro interesse pela fala do outro. Essa é uma das maiores reclamações dos pais e professores: "Eles não me ouvem!". Só existe um jeito de aprender a escutar ativamente: tendo bons ouvintes, sendo exemplo de como essa escuta ativa acontece, e praticar.

Escolhas limitadas – o adulto oferece duas escolhas respeitosas e aceitáveis à criança. Aceitáveis porque o adulto não vai oferecer algo que não seja respeitoso com todos... Um exemplo seria: "Você prefere tomar esse remédio na colher ou no copinho? Você decide!" As crianças adoram fazer escolhas quando se sentem ouvidas e respeitadas. Veja que não há a possibilidade de essa criança não tomar o remédio. Essa não é uma decisão dela e, sim, do adulto responsável pela saúde e bem-estar dela. O que pode ser oferecido é uma escolha quanto a como tomar esse medicamento.

Dizer "não" com dignidade e respeito – tem pais e mães que só sabem dizer "não" para tudo. Outros não sabem dizer "não"; temem frustrar, entristecer e se sentem culpados por dizê-lo. Às vezes, tentam driblar essa culpa dando longas explicações do porquê a resposta é não. Os filhos/alunos entendem quando o adulto realmente quer dizer "não" e é consistente. Eles – os filhos – observam seu olhar, expressão, confiança. E também sabem que com alguns adultos não adianta insistir, já com outros, sim. Adoro esse exemplo da disciplina positiva: "Filha, eu te amo, e a resposta é não." Simples assim.

Acolher os erros – a disciplina positiva vê os erros como oportunidades de aprendizagem. Reconhece que todos cometemos erros – que somos imperfeitos e que podemos aprender com nossos erros. Quando ensinamos

Bete P. Rodrigues

nossos filhos/alunos a focarem em soluções para resolver os problemas e não em buscar os culpados e focar nos erros, estamos encorajando o desejo de assumirem a responsabilidade pelos seus erros em um ambiente de amor, respeito, afeto e empatia.

Para conhecer mais sobre cada uma das dezenas de ferramentas, eu recomendo fazer um dos cursos de Disciplina Positiva e/ou ler um dos livros da série.

Espero que tenham ficado claras, com esses breves exemplos, algumas das ferramentas da Disciplina Positiva e o quanto ela é baseada no amor e no afeto. O perigo é basear-se APENAS nisso. Os resultados negativos de uma educação **autoritária** (extremamente rígida, firme e sem liberdade ou escolhas) podem ser muitos: medo, insegurança, rebeldia, vingança, dissimulação, baixa autoestima, dependência, necessidade de aprovação dos outros etc. Podem desenvolver um senso de importância (responsabilidade), mas não um senso de pertencimento (amor incondicional).

Os possíveis resultados negativos de uma educação **permissiva** (com excesso de liberdade e escolhas, mas sem limites ou ordem) podem ser tão nocivos quanto os apresentados acima. Pessoas criadas com liberdade em excesso, escolhas ilimitadas, que tem sempre um adulto superprotetor a seus pés, fazendo suas vontades, mimando – atendendo não apenas todas as suas necessidades (fundamental!) – mas, também, todos seus desejos, podem resultar em adultos mimados, exigentes, egocêntricos, folgados, que não contribuem porque acreditam que devem sempre ser servidos ou porque não sabem "se virar sozinhos" etc. Em nome do amor, muitas crianças, hoje, são servidas o tempo todo e não aprendem a cuidar de si mesmas ou contribuir com o bem-estar da família ou de outras pessoas. Podem desenvolver senso de amor incondicional, mas não de importância (responsabilidade e capacidade).

Vimos que a falta de gentileza é tão danosa quanto a falta de firmeza na educação das crianças e que o excesso de um ou de outro pode trazer resultados nocivos em longo prazo.

Aprendemos com Alfred Adler que o principal objetivo das crianças (e de todos) é pertencer e se sentir importantes dentro de sua família ou grupo social. Por esse motivo, agimos, mesmo que inconscientemente, sempre com a intenção de nos sentirmos pertencentes, aceitos (senso de conexão) e importantes, com significado, capazes, úteis e necessários.

Espero que tenha ficado clara a necessidade de desenvolver nos filhos e alunos habilidades socioemocionais como gentileza, empatia, cooperação, consciência social, responsabilidade, autorregulação, autonomia, habilidades

40   Educação e afeto

de resolução de problemas e de comunicação respeitosa etc. É preciso também sermos firmes, e não apenas gentis; equilibrados, autoritativos e competentes. Como dizemos na disciplina positiva, gentis e firmes ao mesmo tempo.

Adultos que utilizam os conceitos e as ferramentas da disciplina positiva são líderes autoritativos e democráticos que envolvem as crianças e adolescentes na elaboração das regras, na resolução dos problemas, que sabem demonstrar seu amor por elas – sendo amorosos e gentis – e também respeito pelas regras e limites da vida social. Crianças que crescem nesse tipo de ambiente são mais autoconfiantes, felizes, empáticas, independentes e responsáveis, permitindo que desenvolvam senso de pertencimento e de importância.

Referências

NELSEN, J.; DELORENZO, C. *Disciplina Positiva na sala de aula Montessoriana.* Barueri: Manole, 2022.

NELSEN, J. *Disciplina Positiva: o guia clássico para pais e professores que desejam ajudar as crianças a desenvolver autodisciplina, responsabilidade, cooperação e habilidades para resolver problemas.* Barueri: Manole, 2015.

NELSEN, J.; ERWIN, C.; DUFFY, R. A. *Disciplina Positiva para crianças de 0 a 3 anos: como criar filhos confiantes e capazes.* Barueri: Manole, 2018.

NELSEN, J.; ERWIN, C.; DUFFY, R. A. *Disciplina positiva para crianças de 3 a 6 anos: como criar filhos independentes e felizes.* Barueri: Manole, 2019.

NELSEN, J.; LOTT, L. *Disciplina Positiva para adolescentes: uma abordagem gentil e firme na educação dos filhos.* Barueri: Manole, 2019.

NELSEN, J. N.; LOTT, L.; GLENN, H. S. *Disciplina positiva na sala de aula: como desenvolver o respeito mútuo, a cooperação e a responsabilidade em sua sala de aula.* Barueri: Manole, 2017.

5

AFETO
A ENERGÉTICA DO CONHECIMENTO

Aprender é um processo complexo, no qual desejo e medo coexistem. Se houver mais desejo que medo, a aprendizagem acontece; se houver mais medo, ela fica comprometida. Nessa medida, construir vínculos que constituam pontes de conexão é essencial para que a criança enfrente o medo e a aprendizagem aconteça. Sem afetividade, não há aprendizagem; ela é a mola propulsora, a energética do conhecimento.

CARMEN SILVIA CARVALHO

Carmen Silvia Carvalho

Contatos
carmenctcarvalho@gmail.com
Facebook: Carmen Silvia Carvalho
LinkedIn: Carmen Silvia Carvalho
Instagram: @carmensilvia.carvalho
11 98179 8948

Mestre em Psicologia da Aprendizagem e do Desenvolvimento Humano pela Universidade de São Paulo (USP). Cursos de Ética, Cultura da Paz e Técnicas de Convivência, Justiça Restaurativa, Mediação de Conflitos e Técnicas de Negociação e Comunicação Não Violenta (Associação Palas Athena). Fez parte de estudos no Laboratório de Psicopedagogia no Instituto de Psicologia da Universidade de São Paulo (USP). Atendimento psicopedagógico desde 1985. Coordenadora do curso Cultura da Paz e Tecnologias de Convivência (Palas Athena). Membro do Conselho da Associação Palas Athena. Palestrante na área de cultura da paz. Participa do Se Liga Moçada, projeto de prevenção à violência contra a mulher e faz parte da equipe de mediação de conflitos da DRE de Vila Brasilândia e Freguesia do Ó. Autora principal da coleção de didáticos de português *Construindo a escrita 1º a 5º anos* e coautora de *Professores extraordinários: como cuidar da saúde mental e emocional dos docentes?*, coordenado por Daniela Rocha (Literare Books, 2021).

No ser humano – e na natureza como um todo – tudo está integrado e age de modo interdependente. Com a afetividade e a cognição não é diferente. Há uma implicação e constituição recíproca entre esses dois elementos de tal forma que um potencializa ou freia o outro.

Nosso cérebro estabelece múltiplas conexões, secreta hormônios e neurotransmissores em reações eletroquímicas para que o pensamento e a ação aconteçam, mas a afetividade é a responsável por desencadear esse processo. Ela é a energética do conhecimento.

Compreender essa relação de interdependência é essencial para qualquer educador, sejam pais, professores ou especialistas, pois esse conhecimento lhes permite reconhecer, saber conduzir e acolher a aprendizagem e o comportamento das crianças.

Vamos começar conversando um pouco sobre a aprendizagem. Aprender é um movimento natural da vida, está ligado à sobrevivência e, por isso, o natural é buscar conhecimento. Mas também é ameaçador, porque se aprende o novo, o desconhecido e isso significa abrir espaço para o erro. E nossa sociedade vê o erro como algo muito negativo. Nessa medida, quando o sujeito erra tende a experimentar sentimentos de angústia, fracasso, medo de ser recriminado, desvalorizado, visto como pouco inteligente e sua autoimagem fica em risco a cada nova situação de aprendizagem. É preciso coragem para aprender!

Existe sempre uma tensão entre o desejo e o medo. Se houver mais desejo que medo, a aprendizagem acontece. Se houver mais medo do que desejo, fica bloqueada. As síndromes e a deficiência intelectual são raras. Das crianças que têm dificuldade para aprender e/ou apresentam comportamentos indesejados na escola, a principal razão de aproximadamente 98% delas não aprenderem é não se verem como alguém capaz de fazê-lo. O medo de não conseguir supera o desejo e a aprendizagem fica comprometida.

Toda criança e jovem quer ir bem na escola. Existe na sociedade uma forte pressão e valorização social nessa direção. As pessoas "que sabem" são vistas como inteligentes, têm melhores empregos e salários, vida mais confortável. São admiradas e respeitadas. Os pais, nessa medida, esperam que os filhos se saiam bem academicamente para conquistarem tudo isso no futuro. E quando a criança não consegue atender a essa expectativa, sente que está decepcionando os pais, tem medo de perder o amor e a admiração deles, além de, frequentemente, ser punida porque seu comportamento, à primeira vista, sinaliza falta de compromisso, falta de responsabilidade e é significado pelo adulto como "preguiça", "falta de dedicação", "malandragem" e outras conclusões depreciativas. É raro o adulto pensar que ela não conseguiu porque algo a impediu e não por vontade própria ou falta de esforço.

Para alguém (e digo alguém porque nós, adultos, também passamos por esse processo) lançar-se a um desafio, é preciso por princípio acreditar que tem alguma chance de sucesso. Se a pessoa não se vir como capaz, de alguma forma desiste antes de tentar. Olhe para sua vida e verá pequenas e grandes mudanças e projetos que lhe provocaram medo. Não é diferente com a criança.

Acontece que ela não pode escolher. Tem que ir para a escola e aprender, mesmo quando está com medo e acha que não vai conseguir. E aí, inconscientemente, foge do fracasso que antecipa e da angústia que essa ideia gera. Há muitas formas de fugir dessa situação. Alguns fazem bagunça, outros brigam, há os que desistem e não fazem as tarefas, os que apagam tudo porque não acreditam que está certo, os que protelam, os que fogem para mundos paralelos (e são vistos como dispersivos ou com TDAH) e deixam para quando não há mais tempo... e outras. São todas atitudes diferentes para um mesmo sentimento: há tanto medo de fracassar que não consegue enfrentar o desafio, então foge ou nega. Por trás dessas atitudes sempre há uma autoimagem que está comprometida.

Infelizmente, o adulto não costuma perceber a complexidade dos sentimentos que estão por trás desses comportamentos e, julgando mal a criança, a pune por não conseguir em vez de ajudá-la a acreditar em si ou encarar o erro como algo natural, que vai lhe permitir aprender. Com a intenção de corrigir seu comportamento, acentua a dificuldade, trabalha na contramão, aprofundando a causa. Isso é muito triste e muito sério.

É urgente que compreendamos nosso lugar de educadores de outra forma. Uma criança só consegue levar todos os tombos que leva para aprender a andar porque tem alguém do lado de lá do percurso dizendo "venha, você vai conseguir!". É a força da crença do adulto que faz que caia 100 vezes, se levante, tente de novo até que ande e corra com segurança. São as tentativas e erros que permitem o autoconhecimento e o aprimoramento da ação. É nesse exercício que ela desenvolve a resiliência, uma habilidade tão necessária para a vida, e que só pode ser desenvolvida se ela aprende a lidar com o erro e com as adversidades e contrariedades da vida como parte do processo do conhecer. Por que não fazemos assim com a criança na escola? Por que queremos que ela saia lendo e escrevendo sem erros desde o início? Por que é punida quando não controla seus sentimentos, em vez de ensinarmos a expressá-los de uma forma adequada? Por que é castigada quando, na verdade, está insegura e com medo de não conseguir? Sou psicopedagoga há 30 anos. Nunca conheci uma criança ou um jovem que não quisesse aprender, mas conheci muitos que haviam desistido de aprender porque se sentiam burros e incapazes de fazê-lo.

Ajudar nossos filhos e alunos a acreditar em si, a terem uma autoestima elevada é a missão mais importante de nossa educação. E isso pede amor. É preciso amar mais a criança do que o conteúdo, do que a expectativa que temos do seu domínio. É preciso compreender que não saber é o começo e nosso papel é o de ajudá-la a aprender.

Digo ajudá-la porque é ela que aprende, não nós que ensinamos. E não tem como aprender sem levar muitos tombos, sem errar, sem apagar. Não é pela punição que ela irá descobrir como subir na árvore com segurança, é você estando embaixo dela para segurá-la se cair. É ajudando-a a perceber que a forquilha e os nós do galho é que dão a segurança para os pés não escorregarem. Que as mãos devem estar firmes e a barriga segura para fortalecer o tronco. Se souber tudo isso pode subir em qualquer árvore sem cair. É a legitimação da potência da criança que se transforma em energia para enfrentar o medo e ser bem-sucedida! Isso é proteção e cuidado!

A imagem que uma pessoa faz de si mesma é um dos elementos mais importantes da constituição de sua identidade, porque interfere em todos os âmbitos de sua vida. Ela é o canal pelo qual a pessoa se relaciona consigo, com o outro, com suas experiências e projetos de vida. Tudo perpassa por ela e, nessa medida, a constituição de uma autoimagem positiva ou negativa é a estruturação da relação com a própria vida.

Uma pessoa que se vê como alguém frágil, insegura, burra e fracassada tende a viver em um mundo interior cheio de angústias e incertezas, e suas atitudes são marcadas por esse olhar. Algumas vezes, torna-se tímida demais, com receio que o outro perceba quem ela acha que é e perca sua admiração; outras vezes, torna-se agressiva ou arrogante, como forma de afastamento do outro. Provoca e faz coisas que irritam aqueles com quem convive; tende a ressignificar as palavras e os gestos do outro de maneira autocrítica e negativa, porque sempre espera que as pessoas pensem algo ruim de si. Tem atitudes que provocam a rejeição do outro mas, inconscientemente, rejeita a si mesma. E não pode aprender, porque aprender é algo bom, para os inteligentes, e ela não faz parte desse grupo.

Essa constituição interna gera um círculo vicioso. Como age das formas descritas acima, confirma o que pensa de si a todo momento, tendo cada vez mais certeza de sua veracidade. Quando jovem se torna mais propensa a drogas, alcoolismo, "más companhias", a desistir dos estudos, a não conseguir manter relações estáveis. Quando adulta não para no emprego, desiste nos primeiros obstáculos.

Também os projetos de vida são marcados por sua autoimagem. Como ter grandes ou desafiadores planos se a pessoa não se sente capaz de realizá-los? Às vezes, essa autoimagem vem agregada a muita força e a pessoa torna-se alguém capaz de realizar; mas, por trás de suas vitórias, está a necessidade de mostrar para o mundo que é grande e poderosa e, juntamente com a vitória profissional ou econômica, encontra-se um autocentramento que a impede ou dificulta de olhar o outro com respeito e acolhimento, porque não aprendeu a se amar.

Como o adulto não consegue perceber a dor que está subjacente a essas formas de agir, pune a atitude da criança ao invés de ajudá-la a descobrir suas potencialidades e a descobrir o melhor de si. Porque é esse o caminho para a construção de uma autoimagem positiva.

Se a experimentação de mundo que a criança faz for acompanhada de carinho e não de recriminação, aprenderá a se relacionar consigo e com sua capacidade de aprender de maneira natural. A compreensão de si, do mundo e das outras pessoas será de curiosidade e sucesso. Se, desde cedo, perceber que os nãos que recebe são discordância daquela atitude e não de sua pessoa, terá sua autoimagem preservada. Isso é essencial e aparece nos detalhes do desenvolvimento da relação entre ela e o adulto que a educa.

Cuidar de como colocar os limites desde a primeira infância é, nessa medida, um diferencial em sua vida. É preciso separar a pessoa da atitude. A pessoa é sempre maior que a atitude que teve naquela situação. Como nos explica Marshall Rosemberg (2003), a criança não é "chata", chato é o barulho que está fazendo naquele instante. Ela não é "burra", é o caminho de pensamento que usou para resolver a questão que não era o adequado; ela

48 Educação e afeto

não é "malvada", é a expressão de ciúmes de seu irmão que provocou mágoa ou dor nela. E assim por diante. Quando recriminamos a pessoa e não a atitude, colamos nela uma série de rótulos que, aos poucos, vão fazendo que acredite que isso a define como pessoa. Por isso, ter cuidado com a maneira como falamos é fundamental.

Uma criança que aprende sem medo de investigar, porque não é julgada e recriminada, mantém sua curiosidade viva e estará disponível para aprender quem ela é, como é o mundo e esperará dos outros um olhar positivo sobre si e seus pensamentos. Perceberá que pode errar, que não precisa dar conta de tudo, que seu saber e sentimentos são importantes para o outro, especialmente para quem é mais importante para ela, seus pais e professores. Essa certeza de ser amada por eles abre as portas para se amar. E esse é o maior segredo da vida.

Parece brincadeira dizer que se amar é um segredo, já que isso está escrito em todo lugar: nos livros sagrados das religiões, nos textos dos filósofos, romances, livros de psicologia, autoajuda e em tantos outros lugares. E, apesar de falado e cantado aos quatro ventos parece que a humanidade ainda não entendeu ou não aprendeu como se faz.

A transformação dos pensamentos em ação não é, necessariamente, imediata. Há coisas que, ao compreendermos, imediatamente sabemos fazer; outras demoramos anos nessa passagem, como nos diz Piaget. A expressão amorosa de nossas ações, com certeza, está nesse segundo caso. Milênios não foram suficientes para que ela se instale no mundo. Talvez seja porque pede muito autoconhecimento, revisão da compreensão de elementos culturais, como, por exemplo, a maneira como vemos o erro e sua correção, a troca do julgamento de si e do outro pela observação isenta dele e pela empatia, a validação do outro...

Quando um professor se percebe não conseguindo atingir seus alunos como gostaria, vai em busca de mais conhecimento de sua área específica para melhorar suas aulas. Raramente, esse é o melhor caminho. O mais comum é a falta de estudos sobre os impactos da afetividade na aprendizagem, a falta de compreensão do que se passa no coração de seus alunos, o conhecimento da história de vida que os constitui, de seus medos e sonhos, do ser humano que cada um é. São essas informações que permitem que o professor se vincule de forma mais efetiva com eles. Só abrindo o canal da pessoalidade por meio da troca é que as pontes de conexão são construídas e o conhecimento pode passar por elas. Os alunos aprendem mais com os professores com os quais constroem vínculos verdadeiros e profundos

Legitimar os filhos e os aprendizes é escutar com respeito o que pensam e sabem, conferindo-lhes validade. Quando pequenos, não sabemos quem somos e é o olhar do outro que nos constitui. Pensamos que somos o que vemos nos olhos, nas palavras e gestos de quem convive conosco. É assim que aprendemos que somos relevantes, inteligentes e importantes. Se nos sentimos amados, aprendemos que podemos nos amar e amar o outro. O afeto é, sem dúvida, a energética do conhecimento.

Referências

ALMEIDA, L. R.; MAHONEY, A. A. *Afetividade e aprendizagem: contribuições de Henri Wallon.* São Paulo: Edições Loyola, 2007.

BRINGUIER, J. *Conversando com Jean Piaget.* Rio de Janeiro: Difel, 1993.

CUNHA, E. *Afeto e aprendizagem: relação de amorosidade e saber na prática pedagógica.* Rio de Janeiro: WAK Editora, 2008.

FERNANDEZ, A. *A inteligência aprisionada: abordagem psicopedagógica clínica da criança e da família.* Porto Alegre: Penso, 1991.

NOVAIS, R. M. *Aspectos afetivos e emocionais da prática educativa: pressupostos e perspectivas para o processo de ensino-aprendizagem.* Curitiba: Editora CRV, 2021.

PIAGET, J. *Relações entre a afetividade e a inteligência no desenvolvimento mental da criança.* Curitiba: WAK Editora, 2014.

PIAGET, J. *Fazer e compreender.* São Paulo: Edusp, 1978.

ROSEMBERG, M. B. *Comunicação não-violenta: técnicas para aprimorar relacionamentos pessoais e profissionais.* São Paulo: Editora Ágora, 2003.

6

ADAPTAÇÃO ESCOLAR

O período da adaptação escolar é um momento muito importante na vida da criança, dos seus familiares e da escola. Neste capítulo, você terá a oportunidade de conhecer alguns fatores que requerem atenção e compreender o que realmente importa nesse momento.

DANIELLE ALEMÃO

Danielle Alemão

Contatos
daniellealemaopsi@gmail.com
Instagram:@daniellealemaopsi
92 98126 9123
92 98415 3304

Diretora da Casa Verde Espaço Interativo e do Interativo Espaço Infantil de Ensino. Psicóloga clínica atuando no atendimento de jovens, adultos e orientação familiar. Pós-graduada em Psicologia do Desenvolvimento e Aprendizagem. Mãe das pequenas Ester e Helena e esposa do homem de mais sorte neste mundo, Maycon Tadeu.

Para falarmos sobre adaptação escolar, é imprescindível que antes possamos nos atentar para o local que vamos escolher para acolher, cuidar e ensinar os nossos filhos. Existem várias metodologias de ensino, materiais pedagógicos, valores, horários e uma gama de oportunidades sendo oferecidas às famílias todos os dias. O que eu venho chamar a atenção é o quanto o que está sendo oferecido está ligado a suas crenças e seus valores, bem como ao que você acredita, naquele momento, ser o melhor para seu filho e para sua família.

No processo de adaptação está inserida a criança, a família e a escola e é muito importante respeitar esse momento, como a família está diante desse novo ciclo que vai se iniciar e como a escola escolhida está preparada e capacitada para vivenciar esse momento juntos. E isso não se dá apenas no primeiro ano escolar, e é muito importante termos conhecimento disso para que possamos levar esse processo com mais leveza e dinamismo para que a criança se adapte com mais facilidade.

Todas as vezes que mudamos de um ano para o outro temos um processo de adaptação, seja do professor, da nova turma e, principalmente, da família que já estava acostumada com a rotina anterior. Quando mudamos de escola, quando retornamos das férias, quando muda o professor ou quando entra ou sai um amiguinho. Estamos nos adaptando constantemente. O que vai diferenciar uma adaptação da outra é a maneira como está sendo conduzida.

A primeira vez de uma criança na sala de aula – ou o retorno dela após o período de férias – traz consigo uma explosão de sentimentos. Na escola, ela vai se descobrir, perceber quem é e o lugar que ela ocupa no meio em que vive. Encontrará um mundo de novas possibilidades e, uma vez que esse indivíduo se adapta ao novo ambiente, terá melhores condições de reagir bem a essa nova etapa da vida.

É característica dos seres vivos e do comportamento humano se adaptar ao meio para sobreviver, como afirma Kamii e DeVries (1991) com base na

Danielle Alemão

perspectiva biológica de Piaget: "A adaptação é importante para todos os seres vivos, porque quando um indivíduo cessa de se adaptar ao seu meio, simplesmente morre". E complementa enfatizando que inteligência e conhecimento fazem parte do processo de adaptação biológica. Sendo assim, essa etapa do desenvolvimento da criança não deve ser ignorada. Inicia-se, dessa forma, um processo de mudança e renovação na vida delas, do professor e da família. A escola deve ser um lugar de acolhida, onde os indivíduos se sintam à vontade e encontrem condições para estabelecer elos para confiança com o professor e os demais funcionários.

O papel dos pais e da escola na adaptação escolar

Por muito tempo, a adaptação tinha seu momento e espaço definidos pela escola como um método utilizado para que a criança parasse de chorar. Contudo, banalizar a adaptação como processo de choro é ignorar outros sinais, conforme Borges (2002), quando afirma que as crianças apresentam outros sintomas como doenças, regressões, alterações de comportamento etc.

Novaes (1975) conceitua a adaptação como "processo unitário e total das funções psíquicas que se evidencia pelo esforço, significativamente, coerente da personalidade na determinação de sua conduta, estabelecendo relações afetivas com o meio", além de definir a adaptação como um processo pelo qual o organismo se modifica para responder às condições que o ambiente apresenta (PORUT apud NOVAES, 1975).

O professor deve exercer o papel de um facilitador e auxiliar esse aluno que ingressa na escola pela primeira vez, ou está mudando de série, de modo mais aprazível possível, com jogos, brincadeiras e atividades lúdicas, tornando a situação e o espaço o mais acolhedor possível para a criança. Segundo Davini (1999):

> A intensidade com que cada um vai experimentar, ou a maneira como vai atravessar esse período, vai depender dos aspectos particulares de cada personalidade participante do processo e, também, da dinâmica familiar.

Dessa forma, o diálogo dos professores com a família ganha destaque no desenvolvimento emocional da criança, podendo essa ser encorajada e tornar-se parcialmente autônoma em relação à dependência dos adultos, a aprender a resolver conflitos, a ser curiosa, a confiar em si mesma e a exprimir ideias, medos e angústias. Tudo isso sem perder o controle e o cuidados com elas.

A escola deve moldar sua didática em favor dos interesses da criança por meio de experiências prazerosas que exigem, sem muita dificuldade, o envolvimento da afetividade, pois sem o afeto nada fluirá espontaneamente.

A interação professor e aluno se dá o tempo todo; essa ligação afetiva ajuda na construção do conhecimento. As crianças necessitam de amor, aceitação e acolhimento para que despertem para a aprendizagem, por isso necessitam encontrar na sala de aula objetos, atividades e jogos que sirvam aos seus interesses, ou seja, que lhes atraiam.

Os conflitos internos da família

A experiência de colocar os filhos, netos, sobrinhos, irmãos mais novos, pela primeira vez, na instituição de educação infantil é conflituosa, por despertar preconceitos – sobretudo em relação às creches –, tristeza, por deixar os filhos; medo de o filho ficar sujeito ao cuidado e educação de pessoas desconhecidas, ao invés dos cuidados individualizados em casa. As famílias temem que as crianças não se adaptem e sofram, ao seguirem a rotina e costumes das instituições, os quais podem ser antagônicos aos de casa; ao mesmo tempo, as famílias sentem a necessidade de cumprir seus compromissos sociais que lhes cabem. Ao entrevistar as famílias usuárias de creche, concluímos que elas apresentam uma ambiguidade entre o intenso desejo de cuidar pessoalmente dos filhos e a necessidade de atender aos seus interesses pessoais e de trazer o sustento da família.

Dúvida! O que fazer?

"Quando decidimos colocar nossa filha na creche, foi um misto de sentimentos. Ter que voltar ao trabalho ou ficar com ela em tempo integral foi uma decisão difícil. A crítica da família em confiar em outro local, que não fosse a casa de familiares, parecia ser uma decisão ruim. Precisávamos ter pulso firme e seguir com a decisão. Construímos uma relação muito forte e de confiança com a creche e com certeza foi a ação mais acertada para o desenvolvimento dela" (Jozemara, mãe da Rita, 6 anos, e Benjamim, 4 anos).

Lidar com os sentimentos

"A adaptação escolar da Bia me trouxe ansiedade para saber se ela iria gostar; medo, se seria bem cuidada; mas, acima deles, estava a confiança de que se iniciava um ciclo importante para o desenvolvimento dela e para a minha reconexão pessoal, com a retomada do autocuidado" (Ana Carolina, mãe da Beatriz, 1 ano).

Relato de um pai que mora longe dos familiares

"Nós morávamos sozinhos na cidade, não tínhamos parentes por perto; então, minha primeira decisão seria que teríamos uma babá e muitas câmeras em casa, mas minha esposa queria colocar nossa filha na creche. Só mudei de ideia quando visitamos meu primo Carlão e sua família e vimos o desenvolvimento da sua filha Valentina. Ela ia desde bebê para a creche e isso me deixou mais seguro" (Maycon Tadeu, pai da Ester, 8 anos, e da Helena, 4 anos).

Processo de adaptação com o segundo filho

"Da segunda vez eu achei bem mais tranquilo, tanto pela confiança já adquirida na escola anteriormente, quanto pela confiança com a experiência de que todo o chororô passa e a criança começa a se adaptar à nova rotina escolar e começa a criar vínculos com os coleguinhas" (Pamella, mãe da Mariah, 4 anos, e Henrique, 1 ano).

São diversos e contraditórios os motivos que levam as famílias a matricularem os filhos nas instituições de educação infantil, e as famílias das crianças precisam de acolhimento. Elas podem colaborar no processo de adaptação participando das atividades planejadas especificamente para esse momento. É fundamental que os familiares expressem seus sentimentos ao deixarem as crianças na instituição. Uma escola democrática tem por princípio que as famílias sejam incluídas e ouvidas em um projeto institucional.

Dicas para a adaptação escolar

- Leve a criança para conhecer a escola previamente.
- Ao chegar na escola, deem um passeio por ela com a criança, mostrem os lugares do parque, refeitório, banheiros e salas.
- No primeiro dia de aula, chegue um pouco antes do horário e procure interagir com as crianças do grupo.
- Deixe a professora fazer o primeiro contato e mostre uma boa interação com ela.
- Não criem falsas expectativas e o que vocês combinarem, cumpram.
- Se houver resistência na separação, sinalize que você estará em um dos locais da escola, esperando por ele.

Educação e afeto

- Identifique um amiguinho para falarem sobre ele quando estiverem em casa, reforçando esse vínculo.
- Façam uma adaptação gradativa, busque-o mais cedo.
- Participem de tudo e evitem demonstrar sua insegurança para a criança.

Considerações finais

Este capítulo foi escrito com o desejo de apresentar possibilidades para a adaptação à educação infantil, assim como demonstrar às famílias que os sentimentos e as emoções que surgem também são comuns a outras famílias, e que com a devida parceria entre a família e a escola possamos diminuir o sofrimento infantil e familiar no decorrer do processo da adaptação infantil. As escolas devem incluir nos seus projetos a adaptação escolar para que a segurança dos profissionais e famílias sejam tratados com carinho e afeto.

Educar é possibilitar que a criança possa construir e transformar seu próprio modo de pensar. E cabe à escola a responsabilidade de guiá-la por esse caminho fascinante de descobertas e aprendizado. É com cuidado e atenção que as crianças dever ser englobadas, pensando na educação transmitida a elas como meio de promover a vida, construir o seu físico e, acima de tudo, um ser pensante capaz de criar, transformar, renovar e descobrir.

Referências

BORGES, M. F. S. T.; SOUZA, R. C. *A práxis na formação de educadores de educação infantil.* Rio de Janeiro: DP & A, 2002.

DAVINI, J.; FREIRE, M. *Adaptação: pais, educadores e crianças enfrentando mudanças.* São Paulo: Espaço Pedagógico, 1999.

KAMII, C.; DEVRIES, H. *Piaget para a educação pré-escolar.* Porto Alegre: Artes Médicas, 1991.

NOVAES, M. H. *Adaptação escolar.* Petrópolis: Editora Vozes, 1975.

7

A AFETIVIDADE NAS SALAS DE ALFABETIZAÇÃO

Quando entramos em uma sala de aula cheios de expectativas e muitos conteúdos para aplicar, não nos damos conta do trabalho que antecede toda e qualquer formação necessária para a evolução do indivíduo. Todavia, a base precisa de um alicerce que aguente as intempéries da vida.

FABIANA BORGES

Fabiana Borges

Contatos
faborges2021@gmail.com
Instagram: @fabi_psicopedagoga_
11 97260 0315

Experiência de 29 anos na área de educação como professora e pedagoga. Pós-graduada em Psicopedagogia Clínica e Institucional e Educação Especial com ênfase em Práticas Inclusivas. Mestranda em Intervenção Psicológica no Desenvolvimento e na Educação. *Trainer* de equipes de docentes. Idealizadora do curso Alfabetização Sem Mistério.

Tu não és nada para mim senão um garoto inteiramente igual a cem mil outros garotos. E não tenho necessidade de ti. E tu também não tem necessidade de mim. Não passo a teus olhos de uma raposa igual a cem mil outras raposas. Mas, se tu me cativas, nós teremos necessidade um do outro. Serás para mim único no mundo. Eu serei para ti única no mundo.
ANTOINE DE SAINT-EXUPÉRY

A qualidade do diálogo que se estabelece entre o educador e o educando e a presença concreta de dois seres colocados em uma dada situação cria, entre eles, um liame peculiar ou os separa por obstáculos quase intransponíveis (MARCHAND, 1985). Esse trecho me fez recordar quando estudava na 1ª série do Colégio Santa Amélia com a tia Zezé. Eu sempre fui apegada com minha mãe, sofri bastante na educação infantil para me adaptar à saudade dela. Mas não me lembro do acolhimento da professora da época. Contudo, no ano seguinte, fui tão bem recebida que minha família ficou amiga da família da professora. Eu a amava. Por ela decidi ser professora e nunca mudei a minha profissão. Ela carregava os alunos no colo. Quando chovia e trovejava íamos todos perto de sua mesa (os que tinham medo, claro) e eu, literalmente, ia para o seu colo. Chorávamos e ela nos acalmava. Não importava que seu planejamento do dia não fosse concluído. E isso era maravilhoso, pois, ao retornar às atividades, todos estavam tranquilos e faziam tudo direitinho. Ela ia de mesinha em mesinha, orientava e auxiliava a resolução das questões.

Cresci achando que o mais importante seria sempre a maneira com a qual recebíamos as pessoas e mostraríamos isso a elas. Quem é que não gosta de um abraço caloroso? Já disse Celso Antunes (2006) que o ser humano nasce extremamente imaturo, sua sobrevivência requer a necessidade do outro, e essa necessidade se traduz em amor.

Eu demonstro amor quando me alegro com a chegada na escola, quando vejo meus alunos correndo pelos corredores em direção a nossa classe cheios de interesse e curiosidade pela aula do dia, quando meus alunos vêm contar alguma novidade familiar e, decerto, esperam uma palavra amiga, um carinho. Eu demonstro amor quando pesquiso, quando preparo uma atividade rica em conteúdo para introduzir ou consolidar um conhecimento. Paulo Freire, em seu livro *Pedagogia da autonomia* (1996), declarou que ensinar não é transferir conhecimento, mas criar possibilidades para sua própria produção ou sua construção. E quando eu ofereço isso ao meu aluno, aprendendo a escutá-lo para poder falar, mostro o quanto o amo e o quanto confio em sua capacidade de evolução. No mesmo livro, Freire diz: "[...] é escutando bem que me preparo para melhor me colocar ou melhor me situar do ponto de vista das ideias".

Não igual, mas também não muito diferente, temos o afeto, que nada mais é que o sentimento de carinho pelas pessoas, que se manifesta de várias formas. A afetividade é a capacidade do ser humano de experimentar tendências, emoções, paixões e sentimentos. Por meio dela, criamos laços de convivência e vínculos.

Penso agora na situação com a qual iniciei este capítulo, falando sobre a minha própria experiência ao adentrar na educação infantil. Regina (2019) diz que: "[...] em todo agrupamento humano temos pessoas com as quais temos empatia e outras não, o que nos leva a excluir as pessoas com as quais não temos empatia." Se isso ocorre nas salas de educação infantil, será que o desenvolvimento dos alunos será um fracasso? Cunha (2008) complementa que "em qualquer circunstância, o primeiro caminho para a conquista da atenção do aprendiz é o afeto. Ele é um meio facilitador para a educação."

Vigotski (1998) divide o desenvolvimento em dois níveis. O primeiro é o nível de desenvolvimento real, é tudo aquilo que a criança consegue fazer sozinha. O segundo seria o nível de desenvolvimento potencial, ou seja, o que a criança não realiza sozinha, porém com a ajuda de um adulto ou um parceiro mais capaz ela consegue realizar. O professor precisa conhecer seu aluno para atuar entre esses dois níveis de desenvolvimento, o que é chamado zona de desenvolvimento proximal. "[...] todas as funções no desenvolvimento da criança aparecem duas vezes: primeiro, no nível social, e depois no nível individual; primeiro entre pessoas e, depois, no interior da criança".

É necessário que os aspectos afetivos estejam presentes a todo momento na sala de aula, pois só assim terão influência sob o ensino-aprendizagem.

Leite (2012) conclui que a afetividade é fator essencial nas relações em sala de aula e, por meio dela, a mediação pedagógica estabelece a qualidade do vínculo aluno-objeto-professor.

A partir do exposto, é possível defender que a afetividade está presente em todas as decisões assumidas pelo professor em sala de aula, produzindo, continuamente, impactos positivos ou negativos na subjetividade dos alunos. Trata-se, pois, de um fator fundante nas relações que se estabelecem entre os alunos e os conteúdos escolares (LEITE, 2012).

Ao iniciar em sua sala de aula, o professor deve conhecer a turma, conhecer seus medos, desejos, anseios e sentimentos de modo geral. Propor rodas de conversa em que eles se expressem e, assim, ele conhece o individual de cada um; incentivar momentos em pares para se conhecerem e trabalharem em equipe pensando na amizade de todos, companheirismo, colaboração e solidariedade. O professor que se coloca no lugar do seu aluno aceita os desafios que a profissão oferece, tem um olhar diferenciado para a criança, sabe a hora certa de comunicar pais e coordenação sobre eventuais problemas, ouve a criança, não oprime ninguém, respeita ao próximo; esse, sim, é um profissional que faz a diferença em uma escola. Afetividade é afetar meu próximo, então é preciso se perguntar: como eu, professor, estou afetando meus alunos? (Tágides Mello, Nova escola)

Quando eu, professor, inicio meu trabalho em uma sala de alfabetização (1º ou 2º ano do ensino fundamental I) encontro crianças sedentas por novidades: aprender a ler e a escrever sem ajuda de ninguém. São crianças receosas e, ao mesmo tempo, com uma vontade incrível de superar desafios. À medida em que sabem que o caminho não será fácil, também não estão preparadas para as frustrações que cruzarão seu percurso.

De acordo com a BNCC (2022), a alfabetização é entendida como a apropriação do funcionamento do sistema de escrita alfabética em um processo simultâneo às práticas sociais de leitura e escrita. E sobre isso, Soares (2020) fala:

> Alfabetização e letramento são processos cognitivos e linguísticos distintos; portanto, a aprendizagem e o ensino de um ou de outro é de natureza essencialmente diferente; entretanto, as ciências em que se baseiam esses processos e a pedagogia por elas sugeridas evidenciam que são processos simultâneos e independentes.

A sala de aula é um ambiente onde nos deparamos com várias situações e as emoções se expressam a todo momento. Assim como em qualquer outro grupo social, na escola também existe diversidade e cabe ao professor saber administrá-las e usá-las como facilitadoras do conhecimento. Vemos diariamente nas redes sociais esse assunto de modo predominante. Porém, os professores não estão preparados para lidar com situações assim. Um beijo e um abraço, em sua maioria, não resolvem essas questões e não fazem o aluno aprender, alfabetizar-se. Esses comportamentos são momentâneos. O que precisamos ter é um planejamento que abrace os alunos para que eles se sintam confortáveis e seguros no ambiente escolar, lembrando que "o que educa os alunos é aquilo que eles mesmos realizam, não o que recebem" (VYGOTSKY, 1998).

É importante que o educador tenha ciência de que se deve ensinar a criança a ver tudo ao seu redor com muita atenção e concentre-se para a conquista de novas experiências e conquistas. Quando ele aprende a conhecer seu grupo de alunos e suas necessidades, facilmente, incorpora em sua rotina diária tudo o que de fato irá contemplar e complementar o aprendizado de todos.

No momento em que o professor entende que sua conduta deverá sempre colocar o aluno como protagonista no processo de aprendizagem, ele está agindo com afetividade.

O aluno precisa saber que ele é peça fundamental nessa aquisição de conhecimento. Ele precisa se sentir seguro e capaz de evoluir sem que os conteúdos sejam apenas passados e por ele memorizados para a realização de uma prova bimestral.

Tornar-me o professor que abre espaço para o aluno indica que respeito e acredito nele, gerando uma relação de afeto e admiração, interferindo de maneira positiva no seu processo de aprendizagem. Portanto, mais do que saber o que ensinar, devo saber como ensinar. É por meio de suas intenções que o professor afetará cada aluno individualmente.

É necessário um trabalho além do papel e lápis para que o aluno se sinta seguro no ambiente escolar e apto para o aprendizado. Sendo assim, compartilho minhas experiências com minha turma de 2º ano do ensino fundamental I, que também podem ser usadas em qualquer ano.

- **Roda de conversa:** iniciar a aula sempre com esse momento, em que eles possam falar como foi o final de semana, o que fizeram no dia anterior ou algo que desejam. Esse momento é precioso, pois algumas crianças desabafam e, então, entramos com a intervenção necessária para ajudá-las. Pode ser algo simples, que uma conversa com a criança resolva, como também pode ser algo para o qual devemos chamar a família. Aproveite bem esse momento!

• **Caixinha das emoções:** refere-se a várias perguntas, quando a criança voluntária tira uma ficha e a responde. Se achar conveniente, pergunte também aos demais alunos se querem falar sobre.

• **Pote do afeto:** resume-se a um pote normal, qualquer um que o professor tiver disponível e alguns papéis como sulfite cortados em quadrados ou *post-it*. Ele ficará num lugar pré-determinado com uma caixinha ao lado com os papéis e um lápis. Cada papel terá uma finalidade, como se fosse um semáforo (se conseguir as cores de papéis). No branco/verde, a criança irá escrever coisas que apenas queira falar sem a necessidade de ser conversado. O amarelo é para me avisar que preciso ficar atenta àquela situação mencionada. E o rosa/vermelho deverá ser exposto em uma roda de conversa para que juntos possamos solucionar aquela questão. Acredito que o importante não é citar o nome dos envolvidos e, sim, a resolução de problemas com toda a turma.

Abaixo sinalizo as habilidades que trabalhamos com essa atividade.

Na sexta-feira, reunimos a turma (esse momento deve estar no planejamento da semana para que a criança se sinta abraçada na certeza de que seu problema será ouvido e talvez resolvido. Lembre-se de se sentar sempre na mesma altura que a criança, olhar nos olhos, dar a atenção que ela merece.

Recebemos um aluno na classe após três meses do início das aulas. Uma criança participativa, alegre, mas bem agitada. O que acabou trazendo incômodo aos demais alunos. Quando chegou o momento da nossa conversa, verifiquei muitos papéis rosas e todos falavam do mesmo assunto. Sem citar nomes, conversamos sobre o respeito pelas pessoas, a atenção na sala de aula na hora das explicações e execução das atividades e a colaboração que todos devem ter. As crianças ouviram atentas. Pedi que refletissem sobre seu comportamento durante as aulas e pensassem se, em algum momento, eles ultrapassavam os limites a ponto de incomodar os colegas. Ensino que aquilo que eles não querem para si não devem fazer para os outros.

- **Emojis:** uma caixa com vários emojis com expressões diferentes, impressos e, se possível, plastificados para que durem por bastante tempo. Ao iniciar a aula, cada criança vai até a caixa e escolhe o emoji que mais se identifica com seu sentimento no momento. A partir daí, pode-se criar uma lista de sentimentos. Construir na lousa coletivamente, fazer um gráfico ou tabela. Pode-se, ao final do dia, refazer e observar se houve mudanças de sentimentos. A partir do momento que aplico atividades parecidas com essa, além de trabalhar a afetividade eu, minuciosamente, sem precisar deixar claro, já insiro a escrita e a leitura de palavras.

Quando realizo esse tipo de atividade em sala de aula – que vai além dos conteúdos exigidos referentes às disciplinas curriculares – formo cidadãos reflexivos, autônomos, responsáveis, comprometidos, educados e gentis, o que certamente garante uma motivação para o aprendizado.

Lembre-se sempre de que "o essencial é invisível aos olhos" (Antoine de Saint-Exupéry). Não deixe que nada passe por você sem ser visto. Muitas crianças não são acolhidas quando precisam e a perda é imensurável. Conte comigo para lhe ajudar a criar processos alfabetizadores repletos de afetividade que transformarão a vida de seu aluno.

Referências

5 PONTOS sobre a proposta da BNCC para a alfabetização. *Movimento pela Base*, 2021. Disponível em: <https://observatorio.movimentopelabase. org.br/5-pontos-sobre-a-proposta-da-bncc-para-alfabetizacao/>. Acesso em: 16 jun. de 2022.

ANTUNES, C. *A afetividade na escola: educando com firmeza*. Londrina: Maxprint, 2006.

BERNARDO, N. *Afetividade na educação infantil: a importância do afeto para o processo de aprendizagem*. Disponível em: <https://novaescola.org.br/ conteudo/17883/afetividade-na-educacao-infantil-a-importancia-do-afeto- -para-o-processo-de-aprendizagem>. Acesso em: 14 jun. de 2022.

CAPELASSO, R. M.; NOGUEIRA, A. S. *Afetividade e aprendizagem*. Clube de autores, 2019.

CUNHA, E. *Afeto e aprendizagem: relação de amorosidade e saber na prática pedagógica*. Rio de Janeiro: Wak, 2008.

FREIRE, P. *Pedagogia da autonomia*. São Paulo: Paz & Terra, 1996.

LEITE, S. A. S. Afetividade nas práticas pedagógicas. *Temas em psicologia*, 2012. Disponível em: <http://pepsic.bvsalud.org/pdf/tp/v20n2/v20n2a06.pdf>. Acesso em: 03 out. de 2012.

MARCHAND, M. *A afetividade do educador*. São Paulo: Summus Editorial, 1985.

MEC. *Base Nacional Comum Curricular (BNCC)*. Disponível em: <http://basenacionalcomum.mec.gov.br/images/BNCC_EI_EF_110518_versaofinal_site.pdf>. Acesso em: 30 maio de 2022.

SOARES, M. *Alfaletrar: toda criança pode aprender a ler e a escrever*. São Paulo: Contexto, 2020.

VYGOTSKY, L. S. *A formação social da mente*. 6. ed. São Paulo: Martins Fontes, 1998.

VYGOTSKY, L. S. *Psicologia pedagógica*. São Paulo: Martins Fontes, 2001.

8

EU VEJO VOCÊ, EU OUÇO VOCÊ

A IMPORTÂNCIA DA ESCUTA AFETIVA NO PERÍODO DE ACOLHIMENTO E INSERIMENTO ESCOLAR

Para os seres humanos, o "escutar" relaciona-se diretamente com o "aprender", na medida em que a informação sonora, juntamente à visual, se incorpora no repertório da criança, dando a ela ampliação de suas possibilidades. Validar o que uma criança diz é validar a importância de ouvir o que ela tem a dizer; por isso, valide-a na atenção plena e na escuta afetiva. "Eu vejo você, eu ouço você e você é importante para mim."

GISLAINE ESNAL GARCIA

Gislaine Esnal Garcia

Contatos
gisa_esnal@yahoo.com.br
Instagram: @gisaesnalgarcia
21 99878 5055

Atua na área educativa há mais de 20 anos, especificamente na educação básica em escolas públicas e privadas como educadora escolar, coordenadora pedagógica, gestora escolar e orientadora educacional. Pedagoga formada pela (PUC-RS), especialista em Neuropedagogia pela (AVM-RJ), Psicopedagogia (URFRJ), Gestão da Educação (UFFRJ), *Coaching* Educativo (UNIMEL-ESPANHA), educadora parental em Positive Discipline Association (DPA-USA) e Estudos Sobre a Infância (Reggio Children – Centro Loris Malaguzzi-Reggio Emilia-Itália). Hoje, vivencia sua maior e mais importante especialização na arte de maternar, com seu pequeno-grande amor Artur.

O que é, efetivamente, escutar uma criança?

Escuta, do latim *auscultare*, significa "ouvir com atenção". Escuta é presença, vínculo, conexão e respeito. Mergulho no mundo do outro: não só em sua fala, mas no olhar, no gesto, no tom, nas emoções alheias que podem nos tocar, nos afetar. Escutar é estar plenamente presente, acolhendo o outro, adentrando a paisagem do outro, conhecendo e reconhecendo o outro em sua singularidade, em seu momento e em seu tempo. Escutar é doar-se, entregar-se ao outro, de corpo, alma e coração.

A escuta não é um fenômeno: aprende-se a escutar. Tem a ver com a postura e a atitude de quem escuta. Esse processo de escutar, no início do período letivo, vai muito além de ouvir o que uma criança expressa verbalmente, é ouvi-la usando os ouvidos, os olhos e a intuição, ao longo de muitos dias. É esquecer o "acho que já sei sobre ela", mesmo se a criança já pertencer à escola ou se tiver sido "apresentada" pelos pais. É estar de coração aberto para estabelecer uma nova relação sem pré-conceitos. Diz respeito ao adulto se conectar com ela e escutar/observar o que a criança expressa por meio de suas linguagens. Por exemplo, o brincar é uma das linguagens mais expressivas, essenciais e construtivas das crianças.

É por meio do brincar que as crianças expressam, imitam, experimentam e se comunicam. É o exercício de experimentar a vida, suas preferências, suas emoções, medos, frustrações, desejos, habilidades e valores. A partir do brincar das crianças, os adultos têm um campo de pesquisa incrível para escutá-las e conhecê-las. Sempre pensando nas brincadeiras espontâneas, nas produções artísticas, nos corpos, nos gestos, nos movimentos, nas emoções, nos comportamentos e nas reações. E, claro, a partir de outras narrativas , como a palavra e/ou a escrita, quando a criança fala ou lê.

Escutar crianças tem a ver com conhecê-las de forma integral, com o adulto estar presente e conectado e, também, com o que ele próprio sente e percebe. Nós temos a tendência de "entrevistar" as crianças, fazer mil perguntas.

Gislaine Esnal Garcia

Outras vezes, de corrigir as crianças, insistir para que elas respondam ao que estamos esperando ouvir. Ou, ainda, intervir nos processos espontâneos nos quais elas estão, em geral, concentradas.

Ao fazer perguntas, já estamos, de um jeito ou de outro, direcionando as respostas. Assim, uma forma de escutar é, efetivamente, respeitar e acolher o jeito de cada criança se colocar, o que ela nos traz. Tentar não interpretar, "avaliar", "classificar" ou "comparar" as crianças entre si. Escutar, mesmo que possa ser incômodo, desconfortável ou que tenhamos que aceitar um silêncio de crianças que não queiram compartilhar o que estão vivenciando.

Você já pensou em como fazer isso na prática?

Para os educadores se apropriarem de uma escuta sensível, respeitosa e atenta, devem começar se escutando e escutando seus pares. O que não é tão simples nem evidente. Em tempos em que a "velocidade" e certo "automatismo" cotidiano invadem nossas vidas, não é fácil entrar em contato com nossas "vozes interiores", com sentimentos que podem ser desconfortáveis ou novos para nós, com o silêncio ou reflexões mais profundas.

Escutar as crianças na escola requer um outro tempo. Requer uma presença não somente nos momentos em que estamos "transmitindo conhecimentos, corrigindo, orientando ou direcionando atividades". Mas presença no que chamamos de "entre-tempos" e "entre-lugares": naquelas situações espontâneas em que as crianças têm a oportunidade de escolher do que, com quem e onde querem brincar, conversar, produzir, ou, simplesmente, estar, ser e permanecer. Entre uma ou outra atividade dirigida no recreio, nos deslocamentos, nas entradas e saídas da escola, nos corredores, nos banheiros, na cantina, na hora do lanche, no curativo do dedo, no abraço apertado, na lágrima saltitante ou no choro contido. O educador deve estar atento para que possa registrar – escrever, de preferência – o que vê, o que sente, o que percebe das crianças. Sem emitir juízo de valor, aceitando a realidade tal qual ela se apresenta. Mais tarde, ele poderá se deter nas suas notas e refletir a respeito do que ele escutou e observou.

O que é acolher senão, fundamentalmente, escutar?

Acolher sentimentos e emoções das crianças deve ser prioridade sempre, tanto em casa quanto na escola e, sobretudo, neste momento pós-pandêmico. É importante compreender que cada criança, assim como cada adulto, tem facilidade para se expressar por diferentes linguagens que são únicas para cada indivíduo. Nem sempre é por meio da palavra ou da fala; pode ser por meio do desenho, representando, escrevendo, lendo etc. Nesse sentido, Damásio apresenta as contribuições da neurobiologia em uma visão transdisciplinar da afetividade. O autor vê as emoções e os sentimentos como constituidores de aspectos centrais de regulação biológica e como ponte entre os processos racionais e os não racionais. Todos nós temos maior ou menor habilidade com um ou outro meio. Se nós, educadores, orientadores, coordenadores, descobrirmos e respeitarmos o jeito de cada criança se colocar, da forma mais espontânea e genuína, poderemos facilitar essas expressões a partir de propostas de tempos, espaços, atividades e materiais facilitadores.

As crianças precisam de ritmos cotidianos, assim como também de tempos de descanso, silêncio e solidão, tanto em casa quanto na escola. Tempos de autonomia e de livre escolha e tempos em que aprendam a prestar atenção no que o adulto está dizendo e propondo.

Promover a escuta ativa e afetiva, gerar/criar momentos e espaços de empatia e de acolhimento, e permitir-se estar vulnerável, são peças-chaves para o processo de inserimento escolar.

Ao longo de todo esse processo, é importante oportunizar espaços de livre expressão, é preciso entender o que as crianças vivenciaram, o que sentiram, o que aprenderam, o que descobriram, no que se interessaram, o que experienciaram no período de isolamento social; suas dores, medos, receios e conquistas. Enfim, reconhecer quem são e o que esses anos de isolamentos trouxeram para a vida de cada uma é de suma importância.

Durante o acolhimento e o inserimento escolar, precisamos oportunizar vivências para que as crianças deem vazão a suas emoções, desejos e pensamentos. Para que os corpos se movimentem, para que as brincadeiras expressem, para que as crianças produzam e comuniquem o que estiver "guardado". Tudo isso é diagnosticado, assimilado, sentido, anotado, "escrevinhado", para podermos repensar e readequar atividades, conteúdos e cotidianos de forma a conectar, acolher, por um lado, aprendizagens e emoções de cada criança no coletivo, e atender, por outro, possíveis lacunas ou traumas e outras emoções que precisarem ser cuidadas.

Segundo Relvas (2017), a aprendizagem, a princípio, é cognitiva, mas a base é emocional. O professor é o encantador dos conteúdos curriculares, podendo promover sinapses de qualidade no cérebro de seus alunos, com emoções positivas e ativando o cérebro de recompensa. Sem dúvida, há uma relação evidente entre escuta e educação. A educação já foi considerada um processo de ensino-aprendizagem no qual há aquele que ensina, o professor, dono do saber, que professa o conhecimento, e aquele que aprende, o aluno, que assimila, absorve. A educação também já foi considerada um processo que promove ou facilita o desenvolvimento do outro.

Nessas duas visões, a educação nunca foi simétrica, recíproca: trata-se de relações assimétricas de poder. Aquele que ensina assume papel de intervir, corrigir, modelar, quer produzir desenvolvimento e/ou transformação nos outros. Ao depararmos com a possibilidade de compreender que essa relação pode se inverter e/ou se igualar, passamos a considerar que em uma relação educacional todos têm a ensinar. É nesse contexto que se faz necessário voltar ao passo anterior, que é o de se predispor a escutar. A partir do momento em que o educador se abre para tal, seus interlocutores podem contar que ele também está aberto para ser escutado. As relações adulto-criança se transformam, são ressignificadas e ganham outros contornos e possibilidades de comunicação, trocas, aprendizagens e crescimento mútuos.

As emoções, segundo Damásio (2014), são complexos psicofisiológicos que se caracterizam por súbitas rupturas no equilíbrio afetivo de curta duração, com repercussões consecutivas sobre a integridade da consciência e sobre a atividade funcional de vários órgãos. Diferentemente, os sentimentos são estados afetivos mais estáveis e duráveis, provavelmente provindos de emoções correlatadas que lhe são, cronologicamente, anteriores.

Combinando ideias de Piaget e Vygotsky, Damásio afirma que as emoções e a razão não são elementos completamente dissociados, como propôs Descartes. Até hoje, o senso comum é que a razão é o contrário da emoção.

Para despertar essas condições, é necessário que o educador entenda a "neurobiologia do gatilho emocional" que acontece no cérebro da criança; como e quando esse gatilho é disparado e por que, muitas vezes, em determinadas situações, a criança perde o controle emocional.

Para escutar, são necessárias habilidades mais específicas como, por exemplo, destinar a atenção ao outro. Requer, assim, ouvidos mais apurados, atentos ao que o outro fala. É acolher as emoções de quem apresenta um problema, uma dor. Escutar implica ouvir, mas quem ouve não necessariamente escuta.

Escutar o outro não é uma tarefa tão simples, nós, educadores, nos preparamos para a oratória, mas não para a escutatória. Essa prática da escuta sensível e ativa exige de nós, inicialmente, um silenciar intrínseco, pois, para escutar o outro, não podemos estar com a "cabeça nas nuvens", é preciso foco e atenção a quem fala. Contudo, ao escutar as dores emocionais, sofrimentos, conflitos, não nos cabe a tarefa de julgar e analisar. É preciso estar apto a oferecer acolhimento emocional.

A escuta afetiva não coloca em julgamento posicionamentos pessoais. Escutar com calma e presteza, para que o outro possa desabafar, é um caminho para que o falante divida seus sofrimentos e/ou conflitos emocionais.

> *Só posso ouvir a palavra se meus ruídos interiores forem silenciados. Só posso ouvir a verdade do outro se eu parar de tagarelar. Quem fala muito não ouve. Sabem disso os poetas, esses seres de fala mínima. Eles falam, sim, para ouvir as vozes do silêncio.*
> RUBENS ALVES

Escutar é complicado e sutil.

"Eu acho que a orientadora, ela nos escuta e fala com a gente calmamente"

...Olha no meu olho
Me escuta,
Senta aqui do meu lado,
Tira o relógio e fica por alguns
instantes, no meu tempo,
Vou te contar...

De acordo com a neurociência, o ato de escutar gera empatia, e essa corresponde a uma combinação perfeita de atos conscientes e inconscientes do cérebro e que dependem do bom funcionamento de certas regiões cerebrais. Afinal, o cérebro é responsável pela "geração" de empatia que a escuta afetiva proporciona.

Gislaine Esnal Garcia

O córtex pré-frontal é responsável pelos sentimentos de solidariedade e compaixão, por exemplo. A escuta afetiva, despertada pelo fenômeno da empatia, pode ser explicada também devido à ação dos neurônios-espelho. Alguns estudos apontam que o sistema de neurônios-espelho está envolvido em emoções e relações empáticas. Isso nos diz que, quando determinada emoção é expressada pela pessoa, ativamos os neurônios que "simulam" como se nós mesmos estivéssemos vivendo aquele sentimento.

A partir do momento em que um adulto se predispõe a escutar uma criança ou um grupo de crianças, ele já está se posicionando quanto aos seus valores: a consideração pelo outro, o acolhimento do diferente, o movimento de conhecê-lo mais profundamente, o estabelecimento de um vínculo de afeto, uma atitude de compaixão, reverência e abertura para o conhecimento. Escutar uma criança implica escutar a história de sua vida, sua biografia (por menor que seja, conforme a idade). E, junto, a história de seu núcleo familiar, de suas raízes multiculturais. Adentramos, no ato da escuta, em universos únicos, mesmo que sejam brechas e pequenas frestas que se abrem para o conhecimento do outro.

Para que escutar? Essa é uma das questões mais recorrentes. Escutar para conhecer o outro, para reconhecer sua singularidade, sua potência, seus interesses, necessidades e emoções. E poder, assim, repensar atitudes e propostas com relação ao outro. Aquele que escuta, silencia, observa, coloca-se a serviço do outro, respeita e acolhe abre-se para aprender, para o desconhecido, para o inesperado. Está presente. Se escutarmos antes de educar, poderemos, então, ir além da simples transmissão de conhecimento e potencializar o que há de mais essencial e único no outro, caminhando para uma relação mais equilibrada.

Referências

DAMÁSIO, A. *O erro de descartes: emoção, razão e o cérebro humano*. São Paulo: Companhia das Letras, 2012.

FRIEDMAN, A. *A vez e a voz das crianças: escutas antropológicas e poéticas das infâncias*. São Paulo: Panda Books, 2020.

RELVAS, M. P. *A neurobiologia da aprendizagem para uma escola humanizadora: observar, investigar e escutar*. Rio de Janeiro: Wak Editora, 2017.

9

PAIS E FILHOS EMOCIONALMENTE SAUDÁVEIS E CRIATIVOS

Educamos nossos filhos pelos nossos gestos, além das nossas palavras. Este capítulo traz uma reflexão sobre como nós, adultos, estamos inspirando nossas crianças e adolescentes para o autocuiado, amor próprio e regulação emocional, além de trazer uma reflexão referente à mente saudável e criativa ao educarmos para a vida.

IARA B. URBANI PECCIN

Iara B. Urbani Peccin

Contatos
www.iaraurbani.com.br
iaraurbani@gmail.com
Instagram: iara.arteterapia

Arteterapeuta com formação em Neuropsicologia da Arte. Trabalha com desenvolvimento humano, gestão emocional e criatividade com crianças, adolescentes e adultos. Com mestrado em Turismo pela UAB, em Barcelona, trabalhou por mais de 20 anos com eventos turísticos-culturais. Foi membro da comissão executiva do Natal Luz de Gramado e é coautora de espetáculos como *Korvatunturi*. Sua experiência profissional, trabalhando com artes, processo criativo e pessoas lhe conduziu para uma nova trajetória de vida, que é sua paixão, a arte como terapia no processo de desenvolvimento e autoconhecimento para viver uma vida de mente mais leve, saudável e criativa. Ministra vivências e palestras em empresas e escolas e os cursos on-line Criativamente: Destrave Sua Mente Criativa e Educando Crianças Emocionalmente Saudáveis e Criativas. É mãe de duas meninas amorosas, que a ensinam todos os dias.

*Nós, adultos, através de nossos gestos e palavras, mudamos o mundo
quando mudamos a história de uma criança ou jovem!*
AUGUSTO CURY

Recebo no meu ateliê terapêutico mães preocupadas com filhos ansiosos, irritados e impulsivos enquanto elas mesmas estão vivendo situações – familiares ou profissionais – de ansiedade e impaciência. Percebo na minha casa alterações de ânimo das minhas filhas quando eu não estou bem. Como profissional e mãe, acredito que uma parte muito importante no tema educação com afeto se inicia com um olhar sobre nós, o adulto que educa e no qual a criança se espelha, o adulto que ensina e inspira pelo exemplo, além das palavras.

É pela forma como nós adultos lidamos com nossas próprias emoções que nossos filhos aprendem a lidar com as deles também. Como lidamos com nossas vulnerabilidades, capacidades e como buscamos soluções criativas para resolver problemas reais e emocionais, que inspiramos nossos filhos a administrarem seu mundo interno. É pela forma afetuosa como cuidamos da gente e das pessoas a nossa volta que os inspiramos a se respeitarem e respeitarem os outros.

Educar nossos filhos a se conhecerem melhor, reorganizarem-se depois de uma crise emocional, ampliarem seu potencial criativo em meio a tantas mudanças é educar para a vida. Autoconhecimento, criatividade e gestão emocional são competências fundamentais para a atualidade e o futuro. São esses os pilares, aliados à arteterapia, que sustentam meu trabalho e o capítulo deste livro.

Iara B. Urbani Peccin

Educação para a vida

Ser pai ou educador em épocas de tantas mudanças não é tarefa fácil. Não fomos educados a olhar para nós, extrair nossos melhores talentos e administrar nossas emoções.

Nascemos crianças desbravadoras, criativas e corajosas. Passamos pela fase escolar e chegamos à fase adulta com o diploma de acordo com as expectativas do mercado mas, muitos de nós, com o processo criativo desencorajado e inseguros em gerenciar a si mesmos. Justamente em um mundo onde empresas buscam pessoas criativas e autoconfiantes, somos contratados pelo nosso currículo e demitidos pela maneira como lidamos com situações de crise e relacionamento com equipes e clientes. Exigimos dos filhos paciência e, enquanto pais, encontramo-nos ansiosos e impacientes.

Em uma palestra com um grupo de mães, questionei: se houvesse um pintor retratando seu estado de ânimo, como ele o retrataria? Como a Monalisa tranquila e serena ou o meme da Mona descabelada, dando conta de tudo e de todos, menos de você?

Se responde à pergunta do filho com "está tudo bem", quando seu corpo e comportamento "falam" que você está triste, você ensina que é melhor esconder e não falar de sentimentos desagradáveis. Quando guiamos nosso filho para nomear, conhecer, reconhecer e expressar seus próprios sentimentos, estamos ajudando-o a se compreender e a se reorganizar internamente.

Há uma enorme diferença entre educar visando conseguir um emprego e educar para crescerem como seres humanos emocionalmente saudáveis e criativos.

Intitular nossos filhos e alunos com adjetivos como preguiçoso, ansioso, teimoso etc. sugere que esse é o comportamento esperado por você e não o ajudará.

Nossos neurônios-espelho espelham comportamentos que observamos e, assim, também aprendemos. Será que falamos calmamente ou gritamos para nossos filhos se acalmarem? Como gerenciamos nossas emoções e ensinamos nossos filhos e alunos a gerenciarem as deles? Estamos educando para que sejam autoconfiantes e estáveis, capazes de aplaudir a vida e não reclamar de tudo, prevenindo transtornos emocionais, violência e incapacidade de administrar a própria vida pessoal e profissional? Quando nós, adultos, aprendemos a gerenciar nosso universo interno, ensinamos pelo comportamento e exemplo a gerenciar o universo deles também.

Criatividade e nossa capacidade de resolver problemas

A criança, por natureza, é sonhadora; cria sem planejar, cria porque faz parte de seu desenvolvimento. E quando crescemos, nossa "adultez" tende a nos tornar sérios demais, sem tanta coragem de expor nossas ideias e seguir em busca de nossos sonhos. O que aconteceu no meio do caminho? Se a maturidade vem com uma carga de seriedade e responsabilidade, essa carga aumenta ao nos tornarmos pais ou mães. Sim, temos de ser responsáveis, mas não por isso temos de nos desconectar de nossa essência e espontaneidade criativa.

Mas a que se refere a criatividade aqui? Criatividade não está apenas relacionada com a arte, inovação ou talento especial. Criatividade também é a nossa habilidade humana de resolver problemas. Isso mesmo, é nossa habilidade de encontrar uma nova solução para o problema da vez, seja na vida escolar, profissional ou alguma questão emocional com pais, colegas ou consigo mesmo.

Criatividade está relacionada com nossa capacidade de criar condições melhores para o nosso bem-estar. Quando enfraquecemos nossa motivação de fazer algo novo, de seguir em frente, de usarmos nossa curiosidade e coragem para sair da zona de conforto e saborear as cores da vida, vamos enfraquecendo nossa energia psíquica, abrindo espaço para doenças, ansiedade, depressão. Estimular um cérebro criativo é também estimular uma mente saudável e produtiva.

Autoestima baixa, falta de confiança, frases como "não sei", "não sou capaz", "o que faço é feio", "eles vão rir de mim" são alertas que precisamos ouvir e ajudar. Quem percebe seus medos e os administra consegue potencializar melhor suas fortalezas, superando desafios com maior facilidade. No mundo cada vez mais automatizado e tecnológico, com ações e profissões padronizadas, nosso diferencial humano está em nossa capacidade de sentir e quebrar padrões.

- Uma mente padronizada é travada, age e responde basicamente da mesma maneira.
- Uma mente criativa é flexível, rompe padrões, é cheia de alternativas, enxerga mais oportunidades do que dificuldades.

Como você considera sua mente? Padronizada ou criativa? E de seu filho? Estimular a criatividade estimula autoconfiança e gestão emocional, um sentimento de que, sim, somos capazes de sonhar e realizar. E há um universo de possibilidades para ampliar um comportamento proativo, saudável e criativo.

Iara B. Urbani Peccin

Quanto mais ampliamos nossas habilidades de criar, nos permitir errar, recomeçar, nos reorganizar quando nos sentimos frustrados e vibrar com nossas conquistas, mais conexões cerebrais positivas ampliamos e vamos ensinando os pequenos (e os grandes) a nossa volta a seguirem esse comportamento.

Minha dica é que você tenha um olhar afetuoso sobre si, investindo em autoconhecimento, autocuidado, em uma mente saudável e criativa para encarar os problemas de maneira mais flexível. Quanto mais você conhece suas vulnerabilidades e capacidades, mais ferramentas você terá para ensinar seus filhos e alunos com atitudes e palavras a partir da sua prática, e mais calma e afeto estará transmitindo a eles.

Pense em quais ferramentas internas você utiliza quando está nervoso e precisa se acalmar; quando tem que enfrentar algo que o tira da zona de conforto; quando você está com medo, mas precisa enfrentar uma situação, falar em público, por exemplo; e como você pode ensinar essas ferramentas aos seus filhos quando eles também precisam se acalmar, enfrentar medos ou resolver conflitos. E, muito importante, seu filho reconhece as capacidades e valores positivos que você admira nele? Tem certeza? Que tal surpreendê-lo ao escrever nomeando as qualidades e potenciais que você enxerga nele, e então presenteá-lo?

Agora que trouxemos você como o pilar dessa relação, seguimos ampliando o olhar às nossas crianças.

Crianças criativas ou padronizadas?

O criar da criança e o criar do adulto são visões diferentes no processo de imaginação e criação. Para a criança, o criar organiza dentro de si o que ela observa no mundo! Já para o adulto, ele organiza, no mundo, o que entende que precisa ser melhorado. Quando falamos em arte, para o adulto, ela está relacionada com a estética, a beleza. O que também está correto, mas a arte vai muito além disso. Para a criança o importante não é o produto final, mas o processo, o "estar fazendo", o aprendizado é o momento de criação. O desenho dela não precisa ser entendido.

Você considera que toda criança se mantém criativa? Infelizmente, observo, no meu trabalho, crianças nas quais imaginação, autoconfiança e espontaneidade deveriam estar em pleno vapor vendo-se perdidas ou retraídas em expor suas ideias e suas criações.

Será que a casinha ou animal que seu filho ou aluno desenha é dele ou é um desenho estereotipado e padronizado? Há crianças que começam criando

82 Educação e afeto

seu desenho expressivo, sua forma de ver e representar o mundo, mas que são pouco estimuladas, ignoradas ou julgadas e acabam realizando apenas trabalhinhos padronizados que "se padronizam"!

Atividades copiadas são ótimas para treinar o olhar e ampliar técnicas, mas, junto a isso, precisamos praticar a criação espontânea e imaginativa, trabalhando o estudo e a espontaneidade, o cérebro direito e esquerdo trabalhando em conjunto.

A criança – e mais tarde o jovem e o adulto – aprende que é melhor e menos penoso seguir o *script* padronizado. Dependendo do estímulo, internalizamos que é mais fácil copiar do que criar, nos frustramos com nossa própria criação, nos sentimos mais à vontade a explorar o conhecido do que a nos aventurar a criar algo novo. Com a autoconfiança abalada, se convencem de que não são capazes e não criam coisas interessantes. Ou são criativos, mas se sentem desencorajados a se expor, a expressar suas ideias.

Por isso, enfatizo tanto o autoconhecimento. Ao nos conhecermos melhor, ampliamos nossa capacidade de gerenciar nossas vulnerabilidades, medos, frustrações e lidamos com desafios com maior jogo de cintura.

Seja no criar do adulto ou da criança, a arte é um exercício fantástico, tanto para ampliação e desbloqueio criativo quanto para expressar sentimentos, criando conexões e hábitos que serão úteis para a vida inteira, respeitando seu jeito de ser e fazer.

Arte estimulando autoconhecimento e criatividade

Minha formação está na arte como terapia, ou seja, utilizo materiais artísticos como ferramenta no processo de autoconhecimento e conexão interior para reorganizar pensamentos e emoções. Nesse caso, a beleza, assim como no criar da criança, está no processo e na relação com nossos sentimentos. Nem sempre conseguimos nomear o que sentimos, dar voz a nossa confusão mental, mas podemos expressar em cores, imagens e símbolos por meio de desenho, pintura, música, poesia e escrita terapêutica. Além disso, atividades que nos trazem bem-estar, como pintar uma emoção ou ressignificar modelando sentimentos, trazem calma a nossa mente. Além disso, estimularmos diversas áreas cognitivas e sensoriais que, normalmente, não trabalham juntas e que em uma atividade tão simples, por meio da arte, exercitamos nosso processo criativo, flexibilidade, memória, concentração e conexão de ideias.

Se a arte nos permite criar, a arteterapia com um profissional especializado nos permite refletir, ressignificar e elaborar o que foi criado. Esculpindo, moldando ou riscando, damos forma a pensamentos e ideias, deixando a imaginação voar sem limites, ensinando o cérebro a exercitar sem medo um turbilhão de criações. As expressões artísticas, aliadas aos depoimentos, trazem uma riqueza significativa na liberação dos medos e alegrias; e o processo criativo passa a ser um meio de autoconhecimento, até um reconciliador de conflitos emocionais. Há sempre um não dito que a imagem exprime.

Atividades práticas

Proponho dois exercícios para praticarmos um pouco do que lhe foi provocado a refletir. A primeira atividade é de autoconhecimento e conexão interna. Separe um momento para você e realize sozinho. No segundo exercício, separe seu material de arte e convide a criançada a criar momentos divertidos, criativos e afetivos entre vocês.

Lembre-se: nessa atividade, o que conta é o criar da criança, em que a beleza não está na estética final, mas no processo do criar e fazer.

Autorretrato emocional

Se um artista pintasse seu estado de espírito (autocuidado, amor-próprio, motivação), como seria seu estado emocional? Escute-se, reconecte-se e expresse com cores, traços e formas. Ao final reflita: Tem algo que você pode fazer para melhorar sua saúde e sua qualidade de vida?

Explore algo que motive você!

Convide as crianças e crie momentos gostosos com arte para fazerem juntos: desenhem a música, inventem histórias com títulos que provoquem a imaginação, expresse sentimentos com imagens ou modelagem. Se você expressasse como está se sentindo hoje, como seria? Ouse, crie, cuide de si para cuidar do outro e inspire a todos à sua volta, educando com atenção, afeto e criatividade.

Referências

CIORNAI, S. *Percursos em arteterapia: arteterapia e educação, arteterapia e saúde*. São Paulo: Summus Editorial, 2005.

CURY, A. *20 regras de ouro para educar filhos e alunos: como formar mentes brilhantes na era da ansiedade*. São Paulo: Academia, 2017.

CURY, A. *Inteligência socioemocional: a formação de mentes brilhantes.* São Paulo: Escola da Inteligência, 2010.

SIEGEL, D. J.; BRYSON, T. P. *O cérebro da criança: 12 estratégias revolucionárias para nutrir a mente em desenvolvimento do seu filho e ajudar sua família a prosperar.* São Paulo: nVersos, 2015.

10

PROFESSOR E AFETO
A EDUCAÇÃO TRANSFORMA VIDA

A profissão professor existe há muito tempo e sempre foi desafiadora. O professor que exerce a profissão com afeto e consegue preencher sua vida com a satisfação pelo que faz tem a honra de modificar vidas e receber a gratidão dos estudantes e das famílias para o resto da vida. Sou professora apaixonada pelo ensinar e pelas pessoas, e é graças a essa profissão que percebo que cumpro minha missão. Ensinar é afeto.

IOLANDA GARCIA

Iolanda Garcia

Contatos
www.iolandagarcia.org
iolandagarciacoach@gmail.com
Instagram: @iolandagarciacoach
65 99961 5654

Sou Iolanda Garcia, filha de Maria Alzira e Francisco. Sou casada com Rodney Garcia e temos três filhos: Jessica, Eloisa e Rodney Junior. Sou educadora parental atuante no contexto educacional e me propus a ensinar as pessoas a transformarem sonhos em realidade dentro e fora da escola há mais de 30 anos. Já fui professora da educação básica, do ensino superior, diretora, coordenadora e secretária municipal de educação. Realizo assessorias educacionais, atendimentos individuais e coletivos para gestores escolares e professores que acreditam que a educação transforma vidas, tornando a educação referência para a humanidade. Sou *coach* educacional, formada pela Parent Coaching Brasil, onde me tornei parceira da formação Cultura de *Coaching* Escolar.

A profissão de professor existe há mais de 25 séculos e está presente na vida cultural e social de nosso tempo. Se você exerce essa profissão e escuta a palavra "professor", o que vem primeiro à sua cabeça? Quais emoções vêm à tona? Você sente um misto de satisfação com responsabilidade? Se sente honrado porque é referência na vida de algum estudante ou de alguma família? Sente o compromisso de continuar aprendendo cada vez mais para continuar ensinando? Se suas respostas forem sim, você sabe o que é ser professor.

Ser professor é esse misto de ensinar e aprender sempre. Como diz Paulo Freire, o célebre educador brasileiro, "Ensinar também é aprender". Ele afirma ainda que "ninguém nasce **professor** ou marcado para **ser professor**", evidenciando com isso que a formação de professor se dá na reflexão de sua prática no dia a dia.

Ao ouvir histórias de professores, muitos contam o caminho que trilharam para conquistar o diploma ou o trabalho que realizam, conseguem mostrar as marcas que seus professores deixaram em suas vidas também, em especial aqueles que os desafiaram, os encorajaram e/ou os que os acolheram durante o tempo de estudo.

As lembranças vêm carregadas dos desafios que tiveram durante a infância, a vida escolar, a faculdade, a conquista do primeiro emprego e, também, da alegria e orgulho do sucesso conquistado na profissão. Pensando bem, todos aprendemos com professores, seja na educação formal ou informal. O professor é quem nos ensina a pensar, quem faz provocações, faz perguntas, faz a ligação entre o aluno e o conhecimento que existe no ambiente.

Com a intenção de estar dialogando com você, sugiro que pare, um minuto, a leitura e responda: quais foram as marcas da escola na sua infância? Quais foram os desafios que enfrentou para estudar? Quais foram os momentos de orgulho que o estudo proporcionou a você?

Ser professor é, primeiramente, ter compromisso consigo mesmo, porque, além de ensinar e educar, é preciso respeitar o próximo, aprender com ele,

Iolanda Garcia

saber viver e conviver dentro de diferentes mundos culturais. Ser professor é ensinar as habilidades da oralidade, da comunicação, do compartilhamento, da interação, do reconhecimento e da afetividade. A influência de um professor jamais poderá ser apagada. Ser professor é desenvolver o talento de olhar para o outro como se olhasse para si; querer para o outro o que deseja para si mesmo; é um empático da vida.

Às vezes, me pego pensando que sou uma eterna "profante", essa palavra não existe, é só uma forma de brincar com as palavras como fazia Manoel de Barros, é somente a maneira de dizer que sou uma eterna professora-estudante.

Em meio a tantas histórias de professor, trago um recorte da minha caminhada.

Enquanto criança me faltou a oportunidade de estudar, por diversos fatores da vida, porém, não me faltaram oportunidades de vivenciar a infância. Lembro-me de que ao abrir as cortinas da noite, eu estava sempre nas rodas de conversas com meus pais e, às vezes, meu avô paterno com os vizinhos e com a criançada que morava por ali. As noites eram recheadas de causos, rezas, histórias e muitas brincadeiras. Com a meninada, eu sempre estava ensinando, ora sendo a professora, ora coordenando as cenas de teatro que, juntos, construíamos.

Morava em uma comunidade, em que um dos pontos de encontro era a igreja. Espaço que permitia realizar leituras e, às vezes, expressar o que entendia sobre o assunto. Na mesma comunidade, as professoras me davam a oportunidade de substituí-las em suas ausências. Todos esses espaços só aumentavam minha vontade de voltar para a escola como estudante, o que de fato aconteceu. Ao completar 17 anos, concluí a oitava série (no supletivo), recebendo de presente, no ano seguinte, uma sala de aula no local onde morava. Então, me tornei professora no dia primeiro de fevereiro de 1989, e a partir de então nunca deixei de ser "profante". Encanta-me aprender coisas novas, reaprender, ressignificar o que já parecia consolidado, me sentindo transformada e desafiada a cada instante, e a ensinar outras pessoas a aprenderem também.

Parece poético fazer essa recordação, tudo se torna fácil e até romantizado. Porém a realidade da profissão, como de tantas outras, foi árdua. Foram noites e noites sem dormir, ausência na família, finais de semanas preenchidos com livros e cadernos para concluir graduação, pós, especialização, mestrado e infinitos cursos de aperfeiçoamento. Muitos dias do calendário foram preenchidos com encontros, congressos e conferências locais, municipais, estaduais, nacionais e internacionais. A participação nesses eventos trouxe a oportunidade de conhecer pessoas renomadas e famosas, e a conexão com inúmeras professoras que transformam a educação pelo Brasil com seu carinho e com paixão para ensinar.

Penso que não existe nada mais gratificante ao ouvir essas frases: "professora, você marcou a minha vida", "nunca esqueço das nossas aulas, como eram divertidas", "eu não seria a mesma pessoa se não tivesse estudado com você", "como foi marcante a escola na sua época", "você foi a inspiração para a profissão que tenho hoje". Essas e tantas outras frases me enchem de orgulho e sempre respondo: "fico feliz ao saber que contribuí para você ser quem é hoje". Essas cenas reafirmaram em mim o desejo de ensinar o que eu sei para as pessoas; assim, não serei a única a deixar marcas e ajudar na formação da humanidade. Acredito que todos os professores podem fazer a diferença na vida de outrem.

Penso que poucos professores têm a dimensão dos reflexos e das marcas que deixam na vida dos estudantes e das transformações que causam nas famílias; no entanto, se olhar para a história, poder ter a dimensão mensurada na emoção e na memória.

Minha admiração é cada vez maior para aqueles professores que estão ao lado das crianças que chegam às escolas, para aqueles que atuam com adolescentes e para aqueles que orientam os jovens e adultos na construção dos seus sonhos.

A caminhada de mais de três décadas no chão da escola, ora como professora, ora como gestora (nunca deixando de estudar) trouxe a necessidade de aprender a cuidar dos professores que atuam no espaço escolar e que por vários fatores não conseguem conciliar a vida pessoal com as tarefas e as pressões da rotina escolar, a cobrança das famílias e as cobranças da sociedade. Deixando-os, por vezes, não se reconhecerem enquanto profissionais, ficando exauridos com o cronograma de tarefas dentro das horas fixas do dia, mês e ano, deixando-se levar pela exaustão, estafa e estresse.

A realidade escolar tem se modificado ao longo dos anos, não na velocidade que foi desejada, nem no ritmo que foi almejamo. Mesmo assim, o sucesso não tem acompanhado a satisfação dos professores no que se refere ao ensino, aprendizagem e reconhecimento da profissão.

Não diferente dos professores que estão na escola, por muitas vezes, fui acometida pela vontade de fazer mais do que podia e pela decepção de não conseguir o sucesso no que havia planejado, porém, as marcas que deixei nas vivências com os alunos, nas construções de sonhos e objetivos e nas realizações

Iolanda Garcia 91

pessoais durante a caminhada na educação são inúmeras; algumas merecem destaque. Foi maravilhoso fazer parte das mudanças legais da educação do país, acompanhar a consolidação de muitos sonhos dentro da escola, sentir a emoção nas conquistas dos estudantes.

Agora, nada é tão marcante quanto acompanhar o desenvolvimento de uma criança ou de um adolescente no espaço escolar. O que consegui viver dentro das escolas e na educação com certeza preencheu o sonho da menina que queria aprender para ensinar.

A oportunidade de olhar a educação de fora da escola, quando atuei como secretária municipal de educação, me fez compreender que existem lacunas com a falta de encantamento e afeto para consigo e para com o outro na educação. Os fatores são diversos e não serão abordados neste momento. Porém, foi a partir dessa constatação que busquei novos estudos e aperfeiçoamentos, desta vez olhando para o cuidado com os professores, gestores e demais profissionais que atuam no espaço escolar, não deixando de olhar para os adolescentes e para as famílias. Esses fatores impulsionaram a me tornar educadora parental e *coach* educacional.

Acredite, por vezes, repeti a frase: "Se tivesse conhecido a Educação Parental antes, minha vida teria sido mais leve". Na sequência, respondo "Só compreendo a educação parental hoje, porque conheço e percorri o caminho da educação sem essa informação".

E com o olhar que essa formação me proporciona, ensino professores a devolver o brilho nos olhos para o ensinar, ou a buscar novas profissões quando compreendem a falta de perfil para atuar na sala de aula. Oriento as famílias a compreenderem o papel da escola, a importância da conexão com os professores, as diferentes responsabilidades com o estudante, e ensino os gestores a exercerem suas funções como parceiros daqueles que estão dentro da sala de aula e com a comunidade escolar.

Alegra-me a alma e aquece-me o coração quando percebo pessoas descobrindo suas forças internas, compreendo que suas limitações podem ser superadas e que têm o precioso direito de sonhar e ser feliz. Quando o professor compreende que as mudanças vêm das forças interiores que transbordam e do autoconhecimento, autocuidado, autoconfiança e autogestão. Não transformam somente a própria vida, mas a vida de todos que estão à sua volta.

Ensinar me encanta, aprender me fascina. E isso só é possível quando o afeto está presente na escola, na família e na vida.

Finalizo perguntando: você tem olhado para sua força interior? Você consegue identificar a força que existe em você? Caso queira olhar suas emoções, intenções e limitações, lhe convido a refletir sobre o que a vida tem proporcionado a você por meio da educação.

Deixo aqui a roda da vida do professor para preencher e observar como está sua vida. Caso queira conversar sobre o resultado, entre em contato comigo que ensino a elaborar um plano para aprimorar os aspectos que desejar desenvolver a partir dos seus resultados.

Roda da vida do professor

Após a reflexão de cada etapa, atribua a nota de 1 a 10 com o que mais condiz com você no momento atual, pintando os quadrinhos do centro para a borda, sendo 1 a menor nota e 10 a maior.

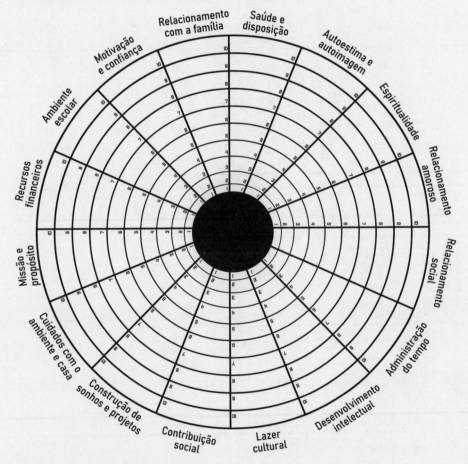

Em qual ponto você está colocando menos foco no momento?

11

TEORIA DO APEGO NA FORMAÇÃO DE VÍNCULOS FAMILIARES

Como pais, queremos que nossos filhos sejam felizes e conquistem seus sonhos. Eu costumo dizer que o maior presente que daremos a eles é um **mundo interno seguro**, para que confiem nas próprias escolhas e se sintam confiantes para explorar o mundo. Neste capítulo, você vai entender a importância da teoria do apego e começar, hoje, a mudar positivamente o relacionamento e o vínculo familiar!

JACQUELINE VILELA GOMES KIKUTI

Jacqueline Vilela Gomes Kikuti

Contatos
parentcoachingbrasil.com.br
contato@jacquelinevilela.com.br
Instagram: @jacqvilela
11 99696 0373

Psicanalista e CEO da Parent Coaching Brasil, administradora de empresas, *master coach* com MBA em *coaching*, formada em *Parent Coaching* pela Academy for Coaching Parents International, ACPI (EUA). Certificada em Parentalidade Consciente pela The Parent Coaching Academy (UK). Fundadora da Parent Coaching Brasil, empresa pioneira em certificação em *Coaching* Educacional e formação completa em Educação Parental, e do método SER, responsável pela transformação de centenas de famílias brasileiras. Coidealizadora do Congresso Internacional de Educação Parental. Autora dos livros: *Meu filho cresceu, e agora?*, para pais com filhos adolescentes; *Pare o mundo que eu quero descer*, sobre a escolha profissional; *Detox digital*, para pais, profissionais e líderes educacionais.

A minha figura de apego foi a minha mãe. Lembro-me da sensação de que, ao lado dela, poderia fazer qualquer coisa. Quando eu tinha seis anos, nos mudamos do Rio de Janeiro para São Paulo e, ao buscar a minha mãe como uma figura de apego, eu não a encontrei mais. Por algum motivo que eu não conseguia sequer entender, aquela figura ficou distante e a sensação de proteção foi dando lugar a um medo tremendo de perdê-la.

Há alguns anos a minha mãe me confidenciou que não queria se mudar para São Paulo e que sentia uma tristeza profunda, ou seja, a minha mãe teve depressão e, sem ajuda, mergulhou no silêncio. Somente ao estudar a teoria do apego é que consegui ligar os pontos sobre o que aconteceu com a nossa relação e quais foram os desmembramentos dessa passagem na criança que eu fui e no adulto que me tornei.

Escrevo este capítulo com lágrimas nos olhos, porque sinto que posso ajudar muitas famílias a perceberem a potência de estar presente para a criação de vínculos seguros. E se eu tenho essa certeza é porque eu pude, a partir da teoria do apego, vivenciar uma experiência diferente na formação de um vínculo seguro com a minha filha.

Em uma região da África, as pessoas cumprimentam-se com *sawabona*, que significa "eu te vejo, eu te valorizo". Em resposta, diz-se *shikoba*: "então, eu existo para você".

Meu primeiro contato sobre biologia e educação de filhos foi em um texto de Humberto Maturana (1997), no qual ele descrevia que o recém-nascido não nasce no medo e na agressão e, sim, na esperança de que há um adulto amoroso e preparado para acolhê-lo. "O amor é a nossa condição biológica natural", dizia. Essa também é a premissa básica da teoria do apego, desenvolvida por John Bowlby (1989), que diz respeito a como os relacionamentos íntimos (e a construção de vínculos) entre os cuidadores e a criança se desenvolve ao longo dos anos e moldam quem somos.

Apego é um tipo de vínculo afetivo no qual o senso de segurança de alguém está estreitamente ligado à figura de apego. Os nossos vínculos afetivos

Jacqueline Vilela Gomes Kikuti

e os apegos são **estados internos** que começam a ser formados no final do primeiro ano de vida.

Ao nascer, o bebê é um ser completamente indefeso e que precisa de um outro ser humano para sobreviver. O relacionamento íntimo é construído junto com esse momento, a partir do entrelaçamento das necessidades mais primárias, que precisam ser supridas através de uma figura de apego, e do comportamento instintivo que trará segurança e gerará um impacto poderoso sobre a pessoa que nos tornamos na vida adulta.

O sistema de apego seria, então, o primeiro e o principal regulador emocional. E o seu objetivo maior é a experiência de segurança. Não nascemos capazes de regular as nossas próprias reações emocionais, por isso a figura do adulto é essa importante base de regulação.

Pode ser difícil para os pais perceberem esses estados internos, porque, quando pequena, a criança ainda não consegue se comunicar com palavras. Por isso, é preciso observar os **comportamentos de apego**. Quais seriam eles? Sorrir, manter contato visual, tocar, segurar, chorar, empurrar, bater, gritar, se esconder, demonstrar medo, raiva, insegurança, entre outros.

É com base no olhar e na reação do cuidador que a criança vai conhecendo a realidade a sua volta, vai experimentando o mundo externo e vai buscando proximidade e proteção em situações que ela avalia como perigosas e ameaçadoras. O padrão de respostas ao comportamento de apego da criança é crucial para o tipo e a qualidade do vínculo que será construído nos primeiros anos da infância e contribui para a formação da personalidade do indivíduo.

O sistema de apego possui características como:

- **É uma função biológica:** traduzindo, o sistema de apego nasce com o objetivo de sobrevivência e é considerado saudável.
- **Específico:** dos nove meses aos três anos de idade, geralmente essa criança elege uma figura de apego de preferência e determina uma hierarquia entre as demais figuras. Os pais costumam estar no topo dessa escolha porque, naturalmente, são os que oferecem o apoio nos primeiros anos de vida de um bebê. A escolha da figura de apego principal depende da frequência e da intensidade das experiências vivenciadas pela criança com o cuidador.
- **Tem um papel:** o papel do cuidador é ser responsivo, intervindo apenas quando a criança busca essa figura de apego ou em situação de perigo. Também é seu papel ter uma postura empática e intuitiva, encorajando a criança a explorar o ambiente e provendo os limites necessários.
- **Dura por um período:** as figuras de apego mudam ao longo dos anos, a partir do segundo ano de vida observa-se um aumento no comportamento de apego e, gradativamente, vai diminuindo conforme chega perto

da adolescência. No entanto, essa primeira construção de apego sempre estará presente na personalidade e comportamentos, até a vida adulta.

• **Tem um objetivo:** o sistema de apego é acionado sempre com o objetivo de segurança ou proteção, chamada de *segurança sentida*. Quando esse objetivo é alcançado, ou seja, o cuidador está presente e a criança se sente segura, ela sente que pode explorar o mundo com criatividade e espontaneidade.

• **É ativado em situações específicas:** existem basicamente dois tipos de fatores que ativam o sistema de apego: **o estado da criança**, se está doente, cansada, com fome ou dor; e as **condições do ambiente**, se há muitos estímulos, se há ameaça, se há o afastamento do cuidador ou situações sentidas como perigosas.

Conforme as interações são criadas, essa criança vai construindo o seu modelo de apego e, aos cinco anos, a maioria já possui os seus modelos internos de cuidadores, de *self* e de relacionamentos. A partir deles, a criança tende a recriar, em cada novo relacionamento, o padrão com o qual já está familiarizada.

Voltando a minha história. Minha mãe ficava comigo a maior parte do tempo, já que o meu pai trabalhava. A figura da minha mãe era uma constante na minha rotina e havia entre nós o que os pesquisadores chamam de *sincronia*, um padrão mútuo, uma dança na interação entre mãe e filha. Com essa figura presente, eu estabeleci um **apego seguro**[1] e me sentia tão confortável para explorar o ambiente quanto para pedir ajuda.

Um importante regulador das relações de apego são as emoções. Como elas são experimentadas, compartilhadas, comunicadas e reguladas. Além disso, a **disponibilidade emocional** do cuidador é a base do apego seguro.

E é aqui que a minha história muda. Com seis anos nos mudamos do Rio de Janeiro para São Paulo e minha mãe, sempre disponível emocionalmente, já não estava mais lá para mim. Eu não sabia que ela estava sofrendo, eu não sabia que ela se sentia sozinha e que chorava todos os dias escondida. Como criança, eu apenas sabia que a qualidade das nossas interações não era a mesma e a insegurança tornou-se uma presença constante. Um componente essencial para o apego seguro havia se perdido: a responsividade da figura de apego.

Desenvolvi a partir daquele momento uma relação de **apego inseguro**[2] com a minha mãe, já que passou a ter uma inconsistência no nosso padrão

---

1 **Apego seguro:** modelo funcional interno de relacionamento, em que a criança elege uma pessoa como a base segura e é facilmente consolada após separação, quando doente, com medo ou estressada.

2 **Apego inseguro:** modelo funcional interno de relacionamento, em que a criança não procura prontamente a figura de apego como base segura e não é facilmente consolada quando está perturbada.

de relacionamento, mesmo que ela continuasse a ser a pessoa mais constante na minha rotina.

Usei a minha própria história para deixar mais fácil o entendimento sobre a importância do apego na construção de vínculos familiares. O que determina o vínculo seguro não é a quantidade de posses que uma família possui nem a quantidade de presentes que uma criança ganha, muito menos a quantidade de horas que os pais passam com os filhos, mas **a qualidade do relacionamento nas interações cotidianas** e a capacidade de gerar segurança e ser responsivo quando o sistema de apego é ativado.

O apego inseguro pode se dividir em três modelos: fuga, ambivalente e desorganizado.

- **Modelo de fuga:** a criança sente que não é acalmada quando está aflita nem acolhida quando se sente em perigo; por isso, ela entende que não pode contar com a figura de apego. Para sobreviver, ela se desconecta e foge, evita contato, se mostra desinteressada, transparece que não se importa.
- **Modelo ambivalente**: Nesse caso, a criança experimenta inconsistência na relação com a figura de apego, ora se sentindo acolhida, ora se sentindo desamparada. Esse modelo traz muita insegurança e medo, a criança passa a ficar superapegada, porque não sabe quando será acolhida novamente e o medo e a ansiedade afloram com frequência.
- **Modelo desorganizado:** por vários motivos, a figura de apego aterroriza a criança. Isso pode ser causado pela depressão dessa figura de apego, gritos, brigas e diversas outras situações instáveis, que ameaçam a segurança. Quando essa figura de apego é também fonte de terror, a criança se fragmenta, para separar e proteger dentro dela a pessoa boa da má que a aterroriza. Isso a deixa fragilizada e com as emoções desreguladas.

No meu exemplo, o modelo que eu desenvolvi com a minha mãe foi o **ambivalente**. Lembro de ter medo de dormir na casa de qualquer pessoa, porque queria ficar o máximo de tempo com a minha mãe; me sentia aterrorizada quando ela saía, com medo de que ela não voltasse. E de fazer de tudo para ter aqueles momentos com ela, para me sentir amparada e protegida.

Como transformar vínculos inseguros em seguros?

O conceito que o pediatra e psicanalista Donald Winnicott (2020) desenvolveu sobre a "mãe suficientemente boa" trouxe importantes contribuições para a compreensão do vínculo seguro, porque substitui (ou se propõe) a culpa pela imperfeição. Ao aprender sobre a teoria do apego, não tenha a pretensão de se tornar mãe ou pai com um desempenho perfeito, que entende cada choro, gesto e desconforto do bebê e da criança e que a atenda prontamente, sem frustrações.

Lembre-se: Não são fatos isolados e, sim, o padrão do relacionamento que determina o vínculo seguro. Dessa forma, estar cansada, se ausentar, não entender um choro e não ser capaz de dar segurança 100% das vezes não será sinônimo de apego inseguro.

No exemplo da minha infância, o meu tipo de apego não mudou de seguro para inseguro por causa de uma ou duas interações confusas com a minha mãe, mas porque o seu padrão de muitos anos mudou drasticamente.

Daniel Siegel, psiquiatra norte-americano, reforça que o cérebro humano precisa de relações com as figuras de vínculo para moldar seu desenvolvimento. Para ele, o vínculo humano deve estar alicerçado em quatro bases essenciais: sermos *sentidos*, estarmos a *salvo*, sermos *sossegados* para nos sentirmos *seguros*.

Quando saímos da infância, essa sensação de segurança é internalizada pelo nosso cérebro em um estado de espírito seguro. Isso faz que exista a sensação de que somos capazes de nos conectar com as pessoas, atender nossas necessidades e sentir nossos sentimentos. Ou seja, vínculos seguros apoiam o desenvolvimento e integração do cérebro e a plasticidade dele.

É essencial mencionar que as pesquisas mais recentes sobre apego seguro destacam que ele constrói os nossos modelos internos de mundo: Como damos significado ao que acontece, as emoções que surgem e as interações que fazemos.

Tão importante quanto ser uma pessoa responsiva aos filhos é compartilhar o próprio modelo de mundo interno com eles, através do diálogo. À medida que os pais, abertamente, compartilham suas reflexões sobre os seus modelos funcionais com seus filhos, eles os ajudam a construir seus próprios modelos internos.

Conversas significativas são tão importantes para o vínculo quanto interações e comportamentos.

A capacidade dos cuidadores de observar e compreender os estados mentais das crianças, de nomear suas experiências emocionais, permite à criança a aquisição dessas mesmas capacidades. Mas de onde vem essa capacidade? Da prática de refletir sobre o que acontece no nosso próprio mundo interno, de nomear as emoções, um estado que os pesquisadores chamam de *função reflexiva (autorreflexão)*.

É importante para os pais estarem atentos e serem curiosos sobre os próprios estados emocionais e dinâmica com os filhos, sentirem as próprias necessidades, e quais foram os vínculos que tiveram na infância e mostrarem-se abertos a ativar a função reflexiva diariamente.

Estudos indicam que não importa o nosso passado difícil. Se estivermos dispostos a entender e trabalhar para criar novos modelos de segurança, podemos proporcionar um vínculo seguro para os nossos filhos.

E foi isso que aconteceu comigo. Passei a estar mais atenta às necessidades da minha filha e não confundir com as minhas. A educação parental me trouxe a possibilidade de criar um vínculo seguro para ela e eu desejo que você, que parou para ler este capítulo, também possa viver essa experiência maravilhosa de ser o porto seguro dos seus filhos.

Referências

BEE, H.; BOYD, D. *A criança em desenvolvimento*. Porto Alegre: Artmed, 2011.

BOWLBY, J. *Uma base segura: aplicações clínicas da teoria do apego*. Porto Alegre: Artes Médicas, 1989.

MATURANA, H. R.; VARELA, F. J. *De máquinas y seres vivos. Autopoiesis: la organización de lo vivo*. Santiago: Editorial Universitaria, 1995.

SIEGEL, D. J. *O cérebro adolescente: o grande potencial, a coragem e a criatividade da mente dos 12 aos 24 anos*. São Paulo: nVersos, 2016.

WINNICOTT, D; SAFRA, G. *Bebês e suas mães*. São Paulo: Ubu Editora, 2020.

12

COMUNICAÇÃO AFETIVA E OS GRUPOS DE WHATSAPP NA ESCOLA

Enquanto notícias ruins e fofocas tiverem mais audiência do que qualquer outro conteúdo, continuaremos a assistir a sociedade adoecendo com depressão e ansiedade, amizades se desfazendo e *bullying* assombrando os jovens. A comunicação deve aproximar, não afastar as pessoas! Iniciaremos esta reflexão pelos grupos de WhatsApp, repensando nossos valores e o quanto estamos dispostos a abdicar deles em troca de *likes*.

JULIANA CRISTINA FADEL

Juliana Cristina Fadel

Contatos
LinkedIn: juliana-fadel
Instagram: @julifadel

Advogada, pedagoga, especialista em Gestão Escolar, com formação em Metodologias Ativas, Educação Positiva, Brincar Heurístico, Contação de Histórias, Alfabetização e EJA, Inclusão, Musicalização na Educação Infantil, entre outras. CEO da Rede Fadelito de Educação Infantil, lugar onde faz questão de receber, diariamente, as famílias, desde o primeiro dia de abertura da escola, em 1999. Responsável pela criação do sistema de ensino Fadelito, Projeto *Baby Learning* (em parceria com especialistas), responsável pelo desenvolvimento de toda a metodologia pedagógica e inovação da escola, criação e implantação, junto com a equipe pedagógica, da pedagogia socioafetiva e do projeto socioemocional Fadelito Transformar.

Queridos leitores, quero iniciar esta nossa reflexão, que pretendo que façamos daqui para a frente juntos, dizendo que não tenho intenção alguma de trazer para esta escrita o peso de um texto regado de transcrições teóricas.

É claro que a ciência e os estudos da pedagogia moderna, que trazem a importância do desenvolvimento socioemocional das crianças e tudo o que envolve as *soft skills*[1], influenciam meus pontos de vista, mas, aqui, quero falar de maneira direta sobre pessoas, como você e eu.

Ao longo dos últimos anos, acompanhamos diversas mudanças nas formas de comunicação, mas nenhuma delas tão grande quanto a da última década.

Com o avanço da tecnologia, a informação viaja, chega rápido, em um piscar de olhos, ao som de um sino que toca dezenas de vezes ao longo do dia, na palma da nossa mão. Mas não é só a informação de qualidade; conteúdo ruim, mentiras, fofocas, *bullying*; tudo isso é notícia que toma tempo, ganha audiência e ajuda a causar ansiedade, destrói amizades, relacionamentos e, muitas vezes, nos traz apenas infelicidade e até depressão.

Acredito sinceramente que a grande missão dos pais e educadores na formação dessa geração conectada para um futuro em constante mudança (*lifelong learners*[2]) é ensinar aos nossos meninos e meninas onde buscar conteúdos de qualidade, como fazer a curadoria do que vale ou não a pena nos fazer perder esses minutos cada vez mais preciosos do nosso dia.

---

1 *Soft skills* são competências relacionadas às habilidades de interação positiva com o meio e com o outro. Hoje, entende-se que elas são essenciais na formação das crianças e dos jovens, tanto quanto as *hard skills*, capacidades técnicas e cognitivas. São exemplos de *soft skills*: inteligência emocional, comunicação, pensamento crítico, resiliência e empatia.

2 *Lifelong learning* é um termo utilizado para definir a busca permanente pelo conhecimento ao longo da vida. Esse conceito está muito atrelado à velocidade da informação, trazendo a ideia de que qualquer educação formal ou informal pode se tornar rapidamente ultrapassada, por isso precisamos constantemente buscar a nossa evolução pessoal, estudando e nos aperfeiçoando por toda a vida.

E depois de encontrar a informação, como se relacionar com ela de forma útil, positiva e com toda a responsabilidade social que uma geração empática e preocupada com o seu semelhante deve ter.

Dito tudo isso, espero ter causado uma inquietude sobre a urgência do tema. Daqui para frente, proponho que essa reflexão seja sempre pensando nos nossos filhos e alunos para que, juntos, possamos melhorar o modo como nos comunicamos por eles e com eles.

Comunicação: conversa ou fofoca? Você sabe a diferença?

A comunicação é fundamental para a vida em sociedade, ela aproxima as pessoas, provoca interações, promove a troca de conhecimentos e, por assim ser, ainda tem a nobre função de preservar a nossa cultura por meio das histórias que passam de geração para geração. No dia a dia, ela pode acontecer de diversas formas: por meio da linguagem oral, por sinais (libras), símbolos (escrita) e de diversas outras maneiras, até mesmo por um simples olhar (empatia).

É pela sua importância para nós, seres naturalmente sociais, que a palavra traz em sua etimologia as ideias de partilhar, tornar comum.

Que a comunicação é fundamental já sabemos, mas queria trazer aqui um pouco de polêmica necessária, quero falar da ética nessa comunicação.

Você sabe a diferença entre conversa e fofoca?

Conversar: Falar com alguém

Fofocar: Falar de alguém

Vejam como uma única preposição muda tudo!

Que tal aprofundarmos então a ideia de comunicação, trazendo algumas formas pelas quais ela acontece dentro da escola?

Comunicação na escola

Minha história profissional é quase toda dedicada à primeira infância, período em que as crianças começam a construir a linguagem e ampliar gradualmente o vocabulário. É nesse momento então que o relacionamento da escola com a família precisa ser ainda mais próximo, pois nós precisamos falar por eles.

Os caminhos são muitos. Dentre os mais tradicionais, proponho a divisão entre formas de comunicação seguras e inseguras:

106 Educação e afeto

Comunicação segura

- Agenda escolar.
- Telefone (ligações).
- Reunião de pais.

Comunicação insegura

A própria criança: fantasia, realidade e vontade se confundem nessa forma de comunicação. Pedir à criança que dê algum recado pode ser até bem divertido, mas a chance de isso ser eficiente é tão grande quanto o tamanho desse pequeno mensageiro ou mensageira.

Grupos de WhatsApp de pais: essa, sim, é a informação mais cheia de ruídos que existe, um verdadeiro telefone sem fio[3] da atualidade. Falaremos disso mais adiante; por ora, gostaria de reforçar a importância da comunicação para as famílias.

Comunicação entre as famílias

Ao longo dos tempos, muito apoiado na dinâmica da vida moderna e no ingresso bem-sucedido da mulher no mercado de trabalho, as famílias têm mudado.

A geração da minha mãe, que teve filhos no final do século passado, ainda vivia em casas onde a cozinha e a sala eram os maiores cômodos, porque era lá que famílias numerosas faziam as refeições à mesa e assistiam juntas à novela, na principal ou única televisão da casa.

Hoje, as famílias são cada vez menores, o que criou a necessidade de buscar relacionamentos em outros lugares, dando ainda mais importância à escola, não apenas como espaço de conhecimento e aprendizagem, mas também de interação nessa minissociedade que ela representa.

E como é valiosa essa oportunidade que os pais têm de dividir com a escola e com as outras famílias medos, anseios e desafios dessa que é a missão mais importante que recebemos na vida: cuidar de outra vida. O peso da responsabilidade e o pavor de nos cobrar porque não queremos e achamos que não podemos errar tornam quase impossível viver isso sozinho.

---

3 Telefone estragado ou telefone sem fio é uma tradicional brincadeira popular, na qual uma pessoa fala uma palavra ou frase ao ouvido de outra ao seu lado, de modo que os demais participantes não escutem. Quem ouviu o segredo tenta, então, repeti-lo para o próximo participante e, assim por diante, até chegar ao último, que deve contar em voz alta o que ouviu. É comum a informação ir sendo mal-compreendida e, por isso, passada aos demais de forma cada vez mais deturpada, chegando totalmente diferente ao final.

Juliana Cristina Fadel

Mas se concordamos que todas essas formas de comunicação são tão importantes, por que muitas instituições evitam, desesperadamente, essa interação entre as famílias dentro do ambiente escolar?

Ora, porque o dia a dia na escola também é corrido e ninguém quer desperdiçar parte desse precioso tempo, que deveria ser dedicado às crianças, resolvendo polêmicas de grupos de pais.

A comunicação que aproxima também afasta e é a respeito disso que vamos conversar logo a seguir.

Grupos de WhatsApp: comunicação ou distração?

Antes mesmo de falar sobre os grupos, começo pontuando a respeito das questões éticas que norteiam o trabalho da escola, ao que somamos a necessidade de enxergar cada criança de forma individual, como ser humano único e especial. Partindo dessa premissa, nenhum assunto dentro da escola poderia ser discutido coletivamente, a não ser que tratasse de currículo, calendário, regimento; o que mesmo assim me parece inapropriado porque, se uma família escolhe uma instituição é porque se identificou com as regras que orientam o seu funcionamento.

Sugestões são bem-vindas, mas nem tudo é possível, e é muito complicado quando a família não entende que, além da missão de garantir aprendizagem, a escola precisa, antes de tudo, zelar pelo bem-estar e segurança de todas as crianças que ali convivem.

Então, contagiar pais para pressionar vontades por meio de grupos é, além de desrespeitoso, perigoso, porque as escolas que cedem, renunciando a seus protocolos, o fazem porque tratam as famílias como clientes, o que é errado, pois os nossos verdadeiros clientes são as crianças.

Assim, a título de exemplo, quando a família quer juntar várias turmas diferentes para fazer a festa de aniversário (crianças que o próprio aniversariante nem conhece), uma situação aparentemente tão simples, envolve a reprogramação de procedimentos sérios, como restrições e alergias.

Em nossas escolas, os alunos alérgicos têm um acompanhamento específico durante as refeições, a criança tem toda liberdade, mas nós não, este é um momento de alerta para toda a equipe.

O lugar de se sentar, uma refeição similar, tudo isso faz parte do protocolo de segurança alimentar que garantimos com muitos treinamentos e rotina.

Uma festa de aniversário na escola, como em qualquer lugar, agita as crianças, cria imprevistos e muda tudo, o que, sem dúvidas, diminui esse controle. Então, ainda que não seja impossível, exceções criam riscos, por isso as escolas lutam tanto para evitá-las ou para deixá-las somente para os momentos realmente necessários.

Superados os assuntos coletivos, precisamos entrar na seara das questões particulares, aqueles dois tipos de perguntas bastante conhecidas nas escolas: a que tem a intenção de receber a resposta e a que tem a intenção de causar polêmica.

Conversa transcrita de um grupo de WhatsApp (qualquer semelhança é mera coincidência):

"Oi, mamães. A toalhinha de higiene de mais alguém não voltou hoje?"

Antes de começar a mostrar o outro lado dessa conversa – o lado que, inclusive, não está na conversa, queria propor uma reflexão, com uma brincadeira que toda mãe vai entender:

Vocês acreditam que a professora "esqueceu" a toalhinha da criança na escola, porque apesar de ter tido um dia bem tranquilo, ela gosta de uma vida mais cheia de aventuras, além de se alegrar com a caça ao tesouro nas mochilas, incentivada pela torcida que vem pela agenda escolar?

Espero que vocês estejam rindo lendo aí, porque eu estou rindo, respeitosamente, é claro, enquanto escrevo.

Quero trazer vocês agora para dentro da escola:

Durante o dia, como trabalhamos com crianças pequenas (habilidades de atenção e concentração ainda em desenvolvimento), mudamos a dinâmica das atividades, muitas vezes, a cada 15 minutos. É o mesmo tema ou espaço, mas com estratégias diferentes. Assim, considerando que o período letivo é de no mínimo quatro horas, temos aí pelo menos oito processos diferentes para serem executados com 10, 15, 20 crianças.

"Ah! Mas elas têm auxiliares!" Sim, e também variáveis incontroláveis como: a criança que não quer escovar os dentes, a que está com sono e chora porque quer colo, a outra que não trouxe a escova. Então, se você quer mesmo resolver o problema da toalhinha, pense com carinho em como pode ajudar a professora: escrevendo diretamente para a escola; colocando nome nela; e até, se seu filho já tiver autonomia, mostrando para ele onde fica o kit de higiene e incentivando-o a cuidar dos seus pertences.

A comunicação que aproxima precisa ser afetiva. Pense que aquela profissional que você está expondo no grupo de mães, muitas vezes, está deixando a sua família e seus próprios filhos para cuidar, com todo o carinho, do seu.

Não fale dela, fale com ela.

Juliana Cristina Fadel

E sabe por que eu insisto nisso? Professores são profissionais vocacionados, ninguém escolhe a pedagogia para ficar rico, não no Brasil, e acho que em lugar nenhum do mundo. As pessoas escolhem o magistério porque acreditam que não é um trabalho como outro qualquer, é uma missão, uma forma de mudar o mundo daquelas crianças.

Então, imaginem quando essa pessoa descobre que ela é o assunto dos grupos de WhatsApp.

Sim, porque não tenham a ilusão de que a escola não sabe o que se passa ali. Sabemos de **tudo**, pois em todos os grupos há alguma mãe que não concorda e conta.

Quando eu digo que somos vocacionados, acreditem, já vi muito professor não sair para o almoço porque tinha algum aluno com febre; já vi professor ficar além do seu horário, tentando fazer a criança comer alguma coisa.

Vocês já imaginaram a pessoa que tem esse carinho saber que está sendo exposta no grupo de mães por conta de uma toalha? E eu não estou diminuindo o valor da toalha, ou falando para deixar para lá, só estou dizendo que a comunicação errada destrói algo muito mais valioso, que se quebra como um cristal e nunca mais nenhum Diretor consegue colar.

Mas se você acha que estou defendendo apenas a escola, quero contar uma outra história que aconteceu há alguns anos e mostra como as próprias famílias se tornam vítimas desses grupos.

Vocês sabem que existe a fase oral, certo? Aquela idade em que os dentinhos estão nascendo e isso se mistura com o momento em que a boca ainda é uma zona importante de prazer para a criança.

Pois é, foi sob essas circunstâncias que, em uma disputa por um brinquedo, uma criança pequenina mordeu a outra. A professora, atenta, rapidamente separou as duas, evitando um machucado sério, mas não as seis pontinhas vermelhas correspondentes a todos os dentinhos fininhos que a criança tinha na boca.

A professora conversou, cuidou e chamou a coordenadora, que imediatamente ligou para a família.

Como eu disse no início, nessa idade a mordida é algo que faz parte de uma fase da criança, não significa agressividade (na quase totalidade dos casos e, em especial, no exemplo), então, de maneira nenhuma expomos quem mordeu para quem foi mordido e vice-versa. Mas isso foi parar no grupo de mães do WhatsApp e vocês não imaginam a confusão! A mãe da criança mordida, revoltada, mandou a foto do bracinho dizendo que, "já que a escola não quis dizer o nome do 'mordedor', que as mães ali educassem seus filhos, porque aquilo era inaceitável", e falou todo tipo de coisas ofensivas, de forma impulsiva, enquanto estava triste e nervosa.

Mas o pior vocês não imaginam, a mãe da criança que mordeu reconheceu os dentinhos separados e ligou na escola na mesma hora para tentar confirmar.

A história termina assim: um grupo que estava junto desde os quatro meses, aos dois anos e meio se desfez. As crianças, muito melhores em relacionamentos do que nós, seguiram amigas e felizes na escola, mas nunca mais puderam se encontrar fora dela, porque as famílias não se falavam mais.

A comunicação que impacta o seu e o meu mundo

Se ensinamos por meio de exemplos, não me parece fazer sentido algum a família buscar uma escola humanista para matricular os filhos e agir no dia a dia sem empatia, falando das pessoas, julgando, apontando e criticando o tempo todo.

Sejamos parceiros, não só das escolas, mas da padaria, do salão de cabeleireiro, do restaurante. Ninguém sai de casa todos os dias para fazer o seu pior, fale com as pessoas e não das pessoas.

Elogie com o mesmo fervor com que você critica!

A comunicação é feita para unir, aproximar; e da maneira que a estamos usando, seja pela necessidade de atenção ou aceitação social (porque fofoca dá engajamento, infelizmente), estamos apenas afastando e adoecendo as pessoas.

As crianças se tornam aquilo que ensinamos a elas por meio dos nossos exemplos. Então, não se esqueça: se a pessoa não estiver na conversa, fale coisas boas ou não fale dela!

Como no filme:

Assim que Bambi nasce, o coelhinho Tambor o observa tentando ficar de pé e diz: "Ele é meio desajeitado, não é?". Sua mãe imediatamente o desaprova. Todos riem, mas, como o pequeno cervo estava com sono, encerram o assunto e o deixam descansar.

No outro dia, eles se encontram na floresta e, vendo Bambi cambaleando novamente, Tambor insiste: "Ele não sabe andar direito, não é?". A mãe, com todo carinho, chama a sua atenção: "O que foi que o seu pai lhe ensinou hoje de manhã?".

O pequeno coelho, sem jeito, responde: "Se não souber dizer uma coisa agradável, não diga nada.". Encorajado pelos demais coelhinhos, ao som de "vamos", "de pé", "tente outra vez", Bambi se levanta e, então, "caminha" pela floresta.

Você já pensou em quem você gostaria de ser nessa história? Aquele que julga ou aquele que encoraja? A escolha é só sua.

Espero que essa nossa comunicação aqui tenha sido afetiva e que ela traga boas reflexões para você.

Foi um prazer enorme e uma honra ter a sua companhia nesta leitura!

Referência

BAMBI. Direção de Bill Roberts. Estados Unidos: Walt Disney Studios, 1942.

13

INCLUSÃO AFETIVA

Este capítulo tem como objetivo contribuir com famílias, escolas e sociedade de forma geral sobre a importância da inclusão humana e respeitosa, olhando além dos rótulos, dos comportamentos e compreendendo que, independentemente de qualquer dificuldade, transtorno, síndrome ou deficiência, todos precisam receber afeto. É entendendo as peculiaridades, com atenção tanto da família quanto da escola, que a criança ou o adolescente vão sentir-se acolhidos e pertencentes para aprender.

KELEN CRISTINA DE LIMA

Kelen Cristina de Lima

Contatos
kelencristinadelima@gmail.com
Instagram: @kelenpsicopedagoga
62 98127 1364

Especialização em Análise Comportamental Aplicada (ABA). Especialização em Neuropsicopedagogia, licenciatura em Pedagogia. Especialização em Metodologia de Ensino e Pesquisa na Educação em Psicopedagogia Institucional e Clínica. Licenciatura em Letras (Português/inglês). Formação em Livroterapia e Parentalidade Consciente, com o método olhar além do sintoma. Atualmente é docente universitária na Universidade Estadual de Goiás (UEG); orientadora de TCC nas áreas de inclusão e desenvolvimento infantil; professora de estágio na educação infantil e no ensino fundamental I da turma de Pedagogia. Ministra também a disciplina Educação Especial e Inclusão, dentre outras disciplinas. Professora de pós-graduação em Psicopedagogia e Neuropsicopedagogia. É psicopedagoga clínica com atendimentos clínicos em consultório, há mais de 17 anos, para crianças e adolescentes com dificuldades e transtornos de aprendizagem, educadora parental, estimulação precoce por meio da ABA e olhar além do sintoma. Sou membra associada da Associação Brasileira de Psicopedagogia, no estado de Goiás.

A inclusão acontece quando se aprende com as
diferenças e não com as igualdades!
PAULO FREIRE

Para iniciar este capítulo, faz-se necessário elencar alguns significados sobre o que é de fato a inclusão. Na atualidade, fala-se muito em IN-CLUSÃO, principalmente dentro do contexto escolar. Mas o que é realmente o ato de incluir o outro? Essa inclusão acontece, de fato, dentro de escolas, famílias e sociedades? Para realizar uma inclusão verdadeira, é preciso ter afeto. Então, o que é esse afeto? Muitos autores trazem diversas abordagens a essas perguntas. Aqui, você encontra dois conceitos básicos. Segundo a autora Maria Teresa Mantoan (2015),

> inclusão é a nossa capacidade de entender e reconhecer o outro e, assim, ter o privilégio de conviver e compartilhar com pessoas diferentes de nós. A educação inclusiva acolhe todas as pessoas, sem exceção. É para o estudante com deficiência física, para os que têm comprometimento mental, para os superdotados, para todas as minorias e para a criança que é discriminada por qualquer outro motivo. Inclusão é estar com, é interagir com o outro.

O que é inclusão segundo o dicionário *Aurélio*?

No dicionário, inclusão refere-se ao "ato ou efeito de incluir", compreender, inserir. Associada ao adjetivo "social" (da sociedade ou relativa a ela), significa processos que levariam pessoas ou grupos postos ou deixados ao largo de dinâmicas societárias a serem "incluídos" em tais dinâmicas.

Ainda no dicionário, afeto significa "sentimento terno de afeição por pessoa ou animal; amizade".

Considera-se que o afeto é uma condição de possibilidade do processo de amadurecimento pessoal, constituindo um elemento essencial na experiência do ser humano, independentemente de sua condição. É a partir desse

Kelen Cristina de Lima

afeto que os sentimentos são demonstrados, tanto para o positivo quanto para o negativo.

Dados os esclarecimentos, é verídico e notório que, no processo de inclusão, todos precisam se incluir: a família, os profissionais. Não se faz inclusão trabalhando sozinho; informações e conhecimentos para com todos fazem parte de um processo inclusivo de sucesso.

Nessa perspectiva, os primeiros que precisam se sentirem incluídos no processo são a família da criança ou adolescente que tem alguma dificuldade para aprender. Quando recebe um diagnóstico e procura a escola, essa família está cheia de dúvidas, angústias; e em busca de respostas quanto a como fazer para ajudar seu filho, pois nenhuma família espera ter um filho com problemas, atrasos, dificuldades, transtornos e muito menos que ele seja discriminado por algo.

É nesse momento que as escolas precisam acolher as angústias dessas famílias e estarem preparadas, com conhecimentos, informações, capacitações e formações para ajudar quem está bem ali em sua frente. Incluir é conhecer a família, a especificidade de cada criança e adolescente. Independentemente do que tenha, ela precisa receber afeto. Os profissionais precisam estar preparados para receber o diagnóstico/laudo que eles mesmos solicitam à família. Geralmente, são os profissionais de uma escola que solicitam aos pais que levem a criança a algum especialista e, quando essa criança retorna com um laudo, muitas das vezes, eles não sabem lidar com as adaptações curriculares, ambientais e emocionais que precisam ser feita, de acordo com o diagnóstico recebido. É preciso adquirir recursos, planejamentos, informações, conhecimentos e estratégias para uma inclusão adequada. Faz-se necessário criar o Planejamento Educacional Individualizado (PEI), para cada sujeito que precisar analisar, verificar onde a criança se encontra na fase de sua aprendizagem e como podemos avançar, elencar as prioridades dessa criança ou adolescente de acordo com a idade cronológica, cognitiva e emocional para, então, começar o processo de ensino-aprendizagem do livro didático por meio do que seja mais fácil para ela, a fim de que a criança entenda esse ensino dentro das suas singularidades. É complicado começar a ensinar pelo planejamento pedagógico sem antes conhecer a criança que precisa de uma adaptação curricular, pois, muitas vezes, não vai funcionar. Ou seja, ela pode não ter amadurecimento cronológico, cognitivo e emocional para receber esse planejamento que foi tão bem preparado. Por isso, conhecer a pessoa e suas peculiaridades é tão importante para realizar um planejamento para todos, para ajustar e ajudar nesses momentos de ensino-aprendizagem curricular.

Ser uma escola inclusiva não significa saber de todos os transtornos, síndromes, deficiências ou dificuldades de aprendizagem, mas entender as necessidades do aluno que você tem, sem julgamentos e com afeto. Os profissionais precisam incentivar e encorajar as crianças/adolescentes com dificuldades, e não apenas se prender a rótulos e conceitos de diagnósticos/laudos. Afinal, não dá para calcular o que e o quanto alguém vai aprender.

A inclusão não se pauta em trabalhar a igualdade e, sim, a equidade. É importante saber entender que podem ter muitos indivíduos com a mesma dificuldade, mas deve-se olhar para isso entendendo e compreendendo a pessoa, suas reações e seus comportamentos, pois, cada um é único, com particularidades, famílias e culturas diferentes. Por mais que tenham a mesma dificuldade, nenhuma pessoa é igual a outra.

Aqui vão dois conceitos, segundo o dicionário *Michaelis*, do que é igualdade e equidade:

- **Igualdade** – qualidade daquilo que é igual ou que não apresenta diferenças; identidade; conformidade de uma coisa com outra em natureza, forma, proporção, valor, qualidade ou quantidade.
- **Equidade** – pode ser definida como uma justiça natural; disposição para reconhecer imparcialmente o direito de cada um. Em resumo, significa reconhecer que todos precisam de atenção, mas não necessariamente dos mesmos atendimentos.

A definição de *igualdade* é baseada no princípio da universalidade, ou seja, que todos devem ser regidos pelas mesmas regras e devem ter os mesmos direitos e deveres. Já a *equidade*, por outro lado, reconhece que não somos todos iguais e que é preciso ajustar esse "desequilíbrio". A equidade fortalece o currículo e transforma a escola!

Equidade é dar o que cada um necessita para que todos tenham as mesmas oportunidades. Todos nós sabemos que todas as crianças têm o direito de estar na escola e de ter uma família. Porém, quando elas chegam à escola, é preciso que os docentes se vistam das lentes da equidade para identificar necessidades específicas que precisam ser trabalhadas de acordo com suas vulnerabilidades. Da mesma forma, quando a criança chega na família, é preciso ter um ambiente tanto físico quanto emocional para acolhê-la também.

Não basta somente ter acesso à escola ou à família, deve-se permanecer nela. Não dá para igualar pessoas que receberam oportunidades diferentes.

Kelen Cristina de Lima

Os profissionais da educação, de forma geral, desde o porteiro até o diretor, precisam passar por formações e capacitações de inclusão, pois o aluno é da escola e todos precisam saber lidar com essa criança. É preciso que os profissionais responsáveis pela escola solicitem às autoridades cabíveis uma rede de apoio para os professores. Quanto às escolas particulares, é necessário que os diretores e os mantenedores busquem capacitações para seus profissionais, pois não é fácil fazer inclusão sem conhecimento e apoio. Muitas vezes, principalmente os professores se pegam sem saber o que fazer e como ajudar.

Precisamos entender que não é somente abrir escolas, adaptar o ambiente físico e pronto: a escola é inclusiva. Isso vai muito mais além, é qualificar frequentemente e atualizar os profissionais, os seres humanos que lidam diretamente com esse público todos os dias.

Falar que se trabalha com a inclusão é muito fácil, mas precisamos praticar verdadeiramente essa inclusão com compaixão, afeto, olhando e acolhendo as famílias e os profissionais.

E o que fazer quando nem mesmo profissionais e famílias sabem o que fazer?

Redes de apoio, supervisões, consultorias e ajuda profissional servem para isso. Se você já procurou essas opções, então está no caminho, mas isso não significa que a criança vai se desenvolver e aprender dentro da sua expectativa. Aprendizagem e o desenvolvimento são processos que levam tempo, cada um tem sua forma de aprender; portanto, um passo de cada vez. Não desanime!

Algumas sugestões para favorecer o desenvolvimento das crianças:

• **Reforce os comportamentos positivos** – quando reforçamos o que é positivo, mudamos o foco do negativo, e a criança/adolescente sente-se capaz e confiável.

• **Leia livros infantis para a criança** – mesmo que não pare quieta, ela está aprendendo. Mesmo que pareça não te ouvir, ela está tendo armazenamento de linguagem e palavras para reproduzir quando for necessário.

• **Encoraje para novas atitudes** – quando encorajamos alguém e damos a ela a oportunidade de tentar, estamos dizendo que confiamos nela e isso é mais do que importante para uma aprendizagem de qualidade.

• **Crie desafios de acordo com o potencial e diagnóstico** – comece pelo que a criança sabe; dessa forma, ela sente que é capaz para continuar fazendo o que precisa. E, devagar, você, enquanto profissional ou família, vai aumentando a dificuldade dos desafios.

Educação e afeto

- **Esteja presente e no presente** – para ajudar na inclusão, tanto os profissionais quanto as famílias precisam estar no agora, no presente, com a criança para realizarem uma escuta ativa e um olhar atento a fim de ajudá-la.
- **Ajude no processo de integração e socialização da criança** – perceba se está acontecendo essa integração e socialização pelo grupo dos colegas de sala de aula, se tem aceitação dos colegas para com a criança com necessidades e também da criança para com o grupo. É preciso intermediar para que isso aconteça. A criança precisa estar incluída entre os colegas da sala de aula.
- **Ajude na expressão, valide as emoções** – faça exercícios de expressões faciais com todos na sala de aula, para ajudar nessa validação das emoções.
- **Confie que ela dá conta** – as crianças e adolescentes sentem quando não confiamos neles, pratique a confiança acreditando que eles dão conta de fazer o que você pediu.
- **O diagnóstico não precisa ser um segredo** – se a família permitir, conte para os colegas o que a criança tem, use a linguagem adequada para que eles compreendam o porquê do colega ter aquele comportamento. Pratique através de recursos lúdicos – como os fantoches – o que pode ser feito para ajudar o colega que precisa do nosso respeito e amorosidade para aprender.
- **Crie recursos e estratégias adaptados** – isso faz que todos se tornem inclusos, os que têm dificuldades e também os que não têm. Quando criamos um recurso ou estratégia adaptados atingimos o todo; dessa forma, todos participam de acordo com suas limitações. Por exemplo: as histórias dos livros infantis são um bom recurso para ser trabalhado com todos, e a partir da história podemos criar estratégias para atingir o aprendizado que queremos trabalhar. Qualquer assunto que as crianças estiverem precisando pode ser encontrado nos livros infantis. Isso pode ser feito tanto na escola quanto na família.

Profissionais capacitados, famílias acolhidas e acolhedoras, diagnósticos ou laudos aceitos, tudo isso favorece o pertencimento, o acolhimento e o afeto necessários para a aprendizagem e o desenvolvimento saudável da criança ou adolescente. Precisamos respeitar as necessidades das crianças e adolescentes. Quando trabalhamos a equidade, descobrimos caminhos para potencializar a aprendizagem por meio das dificuldades e desafios que todos nós temos.

Somos todos únicos!

Referências

ARANTES, V. A. *Inclusão escolar: pontos e contrapontos*. São Paulo, Summus, 2006.

BRANCO, C. R. *Alunos com necessidades educativas especiais e adaptações curriculares*. CNREE, MEC. Madrid, 1996.

BRASIL. *Base Nacional Comum Curricular*. Brasília, 2018. Disponível em: <http://basenacionalcomum.mec.gov.br/>. Acesso em: 8 mai. de 2022.

GRAÇA, V. S. *Dificuldades de aprendizagem*. Disponível em: <www.avm. edu.br.mono./pdf>. Acesso em: 17 jul de 2022.

MACHADO, L. F. C.; CANINI, C. M. J. *Transtornos de déficit de atenção e hiperatividade (TDAH) em crianças: reflexões iniciais*. Disponível em: <www. nucleodoconhecimento.com.br <www.educadores.diaadia>. Acesso em: 16 jun. de 2022.

MANTOAN, M. T. E. *Inclusão escolar: O que é? Por que? Como fazer?* Summus Editorial, 2015.

MESQUITA, W. S.; PEGORARO, F. R. *Diagnóstico e tratamento autístico em publicações brasileiras: revisão de literatura*. Disponível em: <https://www. unip.br/presencial>. Acesso em: 16 jun. de 2022.

RAYES, C. *Orientação familiar: teoria e prática*. São Paulo: Literare Books International, 2022.

14

A IMPORTÂNCIA DA RELAÇÃO AFETIVA ENTRE A ESCOLA E A FAMÍLIA

Neste capítulo, abordarei a importância da relação afetiva entre a escola e a família, sobre a necessidade do diálogo como vínculo de interação. A família tem papel primordial na construção da identidade dos alunos, é responsável pelo progresso e sucesso afetivo deles no ambiente escolar. E a escola, por sua vez, é o caminho pelo qual todas as informações que o aluno adquirir se transformam em conhecimento. É pela relação afetiva que o aluno se desenvolve cognitiva e emocionalmente para se destacar profissional e pessoalmente na sociedade.

LIGIA SOUZA

Ligia Souza

Contatos
www.escolanovoscaminhosjundiai.com.br
novoscaminhos2002@gmail.com.br
Instagram:@escolanovoscaminhosjundiai
11 91121 0440

Mantenedora e diretora do Centro de Educação Infantil e Ensino Fundamental Novos Caminhos; moradora em Jundiaí (SP). Pedagoga com habilitação em Administração Escolar e psicopedagoga com especialização clínica e institucional. Atua há 24 anos na área da educação, com vários cursos compondo sua jornada: Gestão Escolar, Criatividade para Educadores, Educação Especial e Inclusiva, Letra e Vida, Pró-letramento, Tecnologias na Educação, Prevenção ao *Bullying* Escolar. Especialista em equipes docentes de alta performance. Foram várias jornadas da educação, palestras, seminários e simpósios ao longo dos anos.

A construção de um vínculo afetivo da escola com a família é muito importante para o sucesso da educação. É necessário estar em sintonia, acreditar nos mesmos objetivos.

A escola deve incentivar a participação constante dos pais no ambiente escolar de maneira natural e prazerosa. Os pais devem querer participar do que a escola propõe.

Quando a escola proporciona projetos que envolvem a participação dos pais, o aluno se sente mais acolhido, seguro e feliz. A família participa de maneira afetiva, desde auxiliar na confecção de uma maquete para uma exposição, fazer parte de um vídeo criado pelo aluno, entre outros projetos sugeridos pela escola.

A escola precisa acreditar que os pais não devem estar presentes somente nas reuniões. Esse contato deve ser mais frequente. E não precisa apenas da presença dos pais, pode ser uma mensagem no celular, na agenda do aluno, uma proposta de dever de casa, em que irá solicitar a participação dos membros da família.

Quanto mais a família for presente e participar, mais eficaz será o trabalho desenvolvido pela escola. Dessa forma, compreendendo que a educação é um processo construído em parceria, cabe à família e à escola buscar uma direção única e ter ações e estratégias que visam a um fim em comum. A família e a escola precisam compartilhar uma ideia em comum.

A família e a escola, em parceria, poderão obter êxito na formação das nossas crianças e adolescentes, principalmente por meio do exemplo no dia a dia. Vivenciar valores como amor, fraternidade, autonomia, compreensão, confiança, cordialidade, disciplina, empatia, entusiasmo, esperança, autoestima, honestidade, espiritualidade, humildade, justiça, criatividade, sabedoria, dentre outros. A escola, quando trabalha em parceria com a família, consegue atingir os objetivos a que se propõe, resgatando os valores e colocando em prática tanto na escola quanto fora dela.

Ligia Souza

É importante estabelecer a afetividade com as famílias. Esses vínculos afetivos facilitam o diálogo entre a escola e os pais. E, assim, enquanto escola, podemos fazer os pais compreenderem que a construção do conhecimento dá-se com a participação de todos os envolvidos.

É por meio de boas atitudes que podemos transformar o meio em que vivemos, prevalecendo sempre o amor e o respeito.

Viver em um ambiente afetivo e estabelecer limites de forma adequada são elementos essenciais para uma educação de qualidade.

É na relação afetiva, no diálogo aberto e amigo, no ambiente familiar e na escola que se desenvolve com equilíbrio a personalidade humana, possibilitando a construção de uma educação integral, em que aprender a ser é o fundamental.

Quando a escola e a família estão conectadas no processo de ensino-aprendizagem, por meio das interações afetivas, a aprendizagem se torna mais agradável, significativa e segura para o aluno.

A escola, assim, prepara o aluno para a vida; em um ambiente equilibrado com honestidade, empatia, autoconfiança, gentileza e alegria, tudo combinado com a família, uma vez que o aluno aprende pela imitação, a partir dos exemplos que tem.

Estabelecer uma comunicação afetiva com as famílias cria um ambiente confiável e seguro, gerando assim um equilíbrio emocional que contribui para o processo de aprendizagem.

A afetividade fortalece as relações com as famílias e facilita o trabalho pedagógico da escola. Além de desenvolver as competências socioemocionais, que serão primordiais para o mercado de trabalho, que exige cada vez mais profissionais emocionalmente equilibrados e preparados para desafios e que saibam conviver em sociedade, respeitando e aplicando valores.

A indisciplina e a falta de cumprimento das regras dentro do ambiente escolar diminui cada vez mais que a família se faz presente, e o trabalho em sala de aula do professor com os alunos torna-se mais produtivo e significativo.

Estabelecer limites é essencial para um alicerce seguro e um desenvolvimento equilibrado do aluno. Os limites impostos de forma afetiva trazem segurança ao aluno.

O grande desafio é encontrar o equilíbrio entre exercer autoridade sem ser autoritário. É saber colocar os limites necessários. Cabe aos pais não apenas dizer o que não deve ser feito, mas o que e como fazer. É importante ser o exemplo.

124 Educação e afeto

A base estrutural é dada dentro do ambiente familiar. A herança que trazemos dos nossos pais não é apenas biológica ou financeira, mas também emocional, cultural, de valores e princípios. É como já ouvimos dizer: "Eu só posso dar o que tenho".

A disciplina visa a formação do caráter, mostrar à criança e ao adolescente o melhor caminho, dando-lhes os limites necessários, é prova de afeto e amor. Disciplinar é educar o coração. E assim, essa criança e adolescente chega a escola para colocar em prática tudo o que recebeu em casa da família; ela irá se relacionar com o outro e irá aplicar seus valores. Então, faz-se necessário a escola dialogar com os pais sobre esse papel primordial que possuem na formação do caráter e de deixar claro a seus filhos os valores, limites e disciplina que precisam colocar em prática no ambiente escolar.

Muitos pais estão tão ocupados trabalhando que perdem o referencial da educação que desejam para os filhos. Por isso, a importância de trazer esse pai para perto da escola a fim de conversar, trocar ideias e experiências.

O que fará a diferença na relação entre a família e a escola são nossas atitudes. Vamos construir uma educação ética, com alicerces firmes e seguros.

Decida sair da passividade e fazer a diferença.

Educação com limites e afetividade é um desafio que só será alcançado na parceria entre a família e a escola. Vamos fazer a nossa parte!

Referências

CASTRO, E. *Afetividade e limites: uma parceria entre a família e a escola.* 5. ed. Rio de Janeiro: Wak Editora, 2009.

CHALITA, G. *Educação: a solução está no afeto.* São Paulo: Editora Gente, 2004.

CURY, A. *Pais brilhantes, professores fascinantes.* São Paulo: Sextante, 2003.

15

AFETO CONTRA A INVISIBILIDADE

O objetivo deste capítulo é trazer dados sobre o TDAH e o TOD, transtornos que podem surgir na infância. Na minha experiência em escolas, convivi com alunos com sintomas dos dois transtornos. A ideia é compartilhar informações a fim de orientar pais e educadores, além de propor reflexões sobre como oferecer mais qualidade de vida para crianças diagnosticadas com TDAH ou TOD.

LÍLIA CALDAS

Lília Caldas

Contatos
liliacaldas.education@gmail.com
Instagram: @liliacaldasoficial
61 44768 9362

Educadora infantil certificada em *Early Childhood Education*, na Austrália. Educadora parental na abordagem parentalidade consciente, com certificação pela Positive Discipline Association. Certificada no curso *First Nations' Perspectives For Teaching and Learning,* pela Queensland University of Technology. Apaixonada por desenvolvimento humano. Pesquisadora em sexualidade infantil e prevenção ao abuso. Vive há mais de 11 anos em Brisbane, Austrália, onde atua em creches e escolas, vivenciando a educação local.

Em anos recentes, muito se tem falado sobre o TDAH (Transtorno do Déficit de Atenção e Hiperatividade). Mas você sabe o significado disso? Com raízes genéticas, o TDAH é um transtorno neurobiológico que surge na infância e, em geral, segue com a pessoa a vida toda. Falta de atenção, inquietude e impulsividade são os sintomas relacionados ao TDAH. Segundo a Associação Psiquiátrica Americana (APA), 8,4% das crianças e 2,5% dos adultos teriam o transtorno.

A prevalência é maior em homens do que em mulheres antes da puberdade. Porém, as taxas são iguais após esse período. O transtorno se manifesta antes dos oito anos e não após o início da adolescência. Os sintomas são similares em ambos os gêneros, à exceção do fato de que os homens podem apresentar mais comportamentos de confronto e sintomas mais persistentes. Uma criança com TDAH chama a atenção por sua inquietude ou agitação, condição mais vista nos meninos. São rotulados como "bicho-carpinteiro" ou apelidos similares.

Seus próprios pensamentos também costumam fazê-las ficar no "mundo da lua". Além disso, por distração, costumam cometer erros bobos nas provas escolares. Quem tem TDAH costuma ser esquecido, uma vez que a atenção está ligada ao funcionamento da memória. Pais de crianças com o transtorno costumam reclamar que seus filhos não conseguem se lembrar de muitos de seus afazeres.

Um diagnóstico preciso e correto do TDAH só é possível por meio de uma entrevista com um profissional médico especializado: um psiquiatra, um neurologista ou um neuropediatra. Muitos dos sintomas podem, na verdade, estar associados a outras comorbidades correlatas ao TDAH e outras condições clínicas e psicológicas.

O tratamento é feito por uma equipe multidisciplinar e combina medicamentos, orientação aos pais e técnicas ensinadas à criança com TDAH. A psicoterapia indicada para o tratamento é a terapia cognitivo-comportamental, atribuição de psicólogos.

Na minha experiência, notei um ganho de qualidade de vida e redução dos sintomas quando havia acompanhamento com nutricionista funcional integrativa. Observei que atividade física e reeducação alimentar geram bons resultados.

Agitação na escola

Em sala de aula, tive algumas experiências com crianças com TDAH. É o caso de um menino com seis anos. Com uma mente extraordinária, ele chamava a atenção por demonstrar grande inteligência, ao mesmo tempo em que tinha muita atividade. Sabe a criança que brinca e pula o tempo todo?

Ao mesmo tempo, quando tinha foco, era muito criativo. Sempre estava criando projetos ou atrás de algo para fazer. Não parava quieto, ia até os colegas e se distraia com muita facilidade. "Essa criança tem que parar um pouco", diziam alguns professores. Porém, quando ficava quieto ele demonstrava um hiperfoco.

Para lidar com a movimentação constante dele, lhe oferecíamos uma bolinha para que ele ficasse mexendo as mãos. Era um recurso para "gastar" um pouco da energia dele. Mas quando havia muita dispersão, tínhamos que levá-lo para dar uma volta, para que ele não tirasse a concentração dos demais. Dizemos que essas crianças são dispersas, mas alguns especialistas afirmam que elas, na verdade, têm um hiperfoco, ou seja, se concentram naquilo que lhes desperta o interesse. Isso ocorre porque os centros de prazer no cérebro são ativados e ajudam o centro da atenção, que passa a atuar em níveis normais. Elas chegam a ficar concentradas em uma atividade por um tempo. Porém, diante de estímulos variados, logo alternam o hiperfoco e mudam para outra tarefa.

É como se, para elas, tudo chamasse a atenção. Aos olhos de um adulto, no entanto, a aparência é de uma enorme instabilidade na atenção. Elas não acompanham a fala do professor e é fácil vê-las com o olhar distante. Como muitas crianças correm e pulam – pois têm muita energia vital –, antes de pensar em qualquer diagnóstico, é preciso observar o menino ou a menina por algum tempo.

Um educador não é qualificado para dar um diagnóstico; nem é seu papel. Mas percebemos quando o comportamento indica traços de TDAH. É aquela criança que chega agitada e ansiosa, não consegue ficar atenta na aula, mesmo que por pouco tempo. Há, nelas, uma necessidade constante de sair da sala, como se não conseguissem ficar em um ambiente fechado.

Por vezes, a criança chega a fugir em um descuido dos educadores. O que se torna algo desafiador. Afinal, brincar no gramado ou com galhos em um ambiente externo é muito mais atraente para ela do que ficar sentada assistindo a uma aula.

Transtorno explosivo

Vimos o TDAH; agora te apresento o TOD (Transtorno Opositivo Desafiador). Essa condição é caracterizada nas crianças pela frequente perda da paciência ou recusa em obedecer pedidos ou regras. Quem tem TOD costuma desafiar, discutir com adultos; além de implicar com os outros, que podem acabar responsabilizados pela criança, que não assume seus erros ou seu mau comportamento.

É o indivíduo que se aborrece facilmente e, em geral, demonstra raiva, agressividade, irritação e ressentimento. Também é adepto da vingança. Sua marca é a dificuldade de controlar as emoções e o temperamento. Demonstram ainda uma teimosia persistente. Em casa, são resistentes a ordens e parecem estar testando os limites dos pais e de figuras de autoridade.

Embora os sintomas sejam percebidos em vários ambientes, é em casa ou na sala de aula que os comportamentos podem ser mais bem observados. Estamos falando de crianças e adolescentes que discutem com professores e colegas. Não é raro o desempenho escolar ficar comprometido. Não costumam realizar os deveres escolares, se negam a trabalhar em grupo e não aceitam ordens.

Odeiam críticas e desafiam a autoridade de professores. São rotulados como "esquentadinhos". Por fim, costumam perturbar e responsabilizar os outros pela hostilidade presente em seu comportamento. Como fica fácil notar, os sintomas do TOD podem causar prejuízo na vida social, acadêmica e ocupacional da criança.

Em geral, os sintomas iniciais ocorrem entre seis e oito anos. Com frequência, o indivíduo apresenta baixa autoestima e baixa tolerância às frustrações, além de humor deprimido e ataques de raiva. É conhecido por ter poucos amigos, pois costuma ser rejeitado em razão de seu comportamento de desafio às regras.

Sempre é bom ressaltar que o TOD é muito mais do que uma "birra". É preciso entender também que um comportamento opositivo temporário é algo considerado comum, que integra o desenvolvimento de qualquer criança, o que, em geral, cresce durante a adolescência. Saber diferenciar esses casos do TOD é fundamental.

Para um diagnóstico, é preciso que os sintomas tenham uma duração de, no mínimo, seis meses (durante os quais quatro ou mais características estiveram presentes) e haja comprometimento clinicamente significativo no funcionamento social ou acadêmico. Um neurologista ou um psiquiatra infantil é quem pode realizar o diagnóstico. Um correto diagnóstico exige uma investigação clínica.

Uma entrevista médica com os pais ou responsáveis pela criança é o ponto de partida. Nesse instante serão investigadas características e sintomas que motivam a busca por um auxílio médico. Também é essencial que seja feita uma avaliação escolar. A ideia é obter informações sobre o desempenho e o padrão de comportamento em sala de aula.

Mentiras e desobediência

Também vivenciei exemplos de crianças com transtorno opositivo desafiador. Lembro-me de dois irmãos, de sete e nove anos, que desafiavam qualquer professor ou funcionário da escola. Na hora das refeições, era fácil vê-los tentando furar a fila, por exemplo. Quando indagados se já haviam lavado as mãos para comer, mentiam. Eles sentiam dificuldade em receber regras e direcionamentos. Jogavam bola nas áreas internas, mesmo sabendo ser proibido.

A sensação era de que quanto mais se chamasse a atenção dos garotos, mais prazer eles sentiam em enfrentar as figuras de autoridades da escola. Mas não era exclusividade dos meninos. Havia na escola uma menina de sete anos que tinha um temperamento forte e diagnóstico de TOD. Fugia da sala de aula e rebatia as recomendações feitas por professores. "Não vou fazer isso", ela costumava repetir. Por seu comportamento, ela era levada à coordenação muitas vezes.

Trato amoroso

Como educadores, nosso papel é o de buscar entender o que está por trás de um determinado comportamento daquela criança. Claro, é preciso sempre investigar a possibilidade de um transtorno, mas chamo a atenção para que os pequenos sejam sempre olhados com mais afeto pelos pais e professores. A criança que "não para" ou é "desatenta" muitas vezes é classificada assim por não conseguir atender às demandas de comportamentos dos professores e gestores.

Existe esse olhar de que a criança tem que ficar quieta a aula toda, fazer o que os adultos mandam. Mas devemos compreender as fases de desenvolvimento da criança. Para compreender se ela está realmente com comportamentos alinhados com sua fase de desenvolvimento ou se realmente está com algum transtorno. Um livro que explica isso de forma magistral é: *O cérebro da criança*, do psiquiatra Daniel J. Siegel e da psicoterapeuta Tina Payne Bryson.

Na obra, conhecemos os comportamentos desses seres com seus cérebros ainda em desenvolvimento. A informação é fundamental para que pais e educadores compreendam as demandas das crianças e sejam mais afetuosos. Acredito que pai e mãe tenham que estudar, sim. Informar-se, pois ninguém nasce pai e mãe. Há aquela frase: "nasceu um filho, nasce uma mãe ou pai…". Mas acredito que é sempre válida uma reflexão, pois quando nasce um bebê, os pais ainda estão aprendendo, conhecendo um ao outro.

Ver e enxergar

No livro *Mentes inquietas*, a psiquiatra Ana Beatriz Barbosa Silva menciona personalidades com comportamentos que supostamente seriam indicativos de DDA (distúrbio do déficit de atenção), uma das formas como também é chamado o TDAH. Entre os citados, estão o físico alemão Albert Einstein (1878-1955), o poeta português Fernando Pessoa (1888-1935), o industrial norte-americano Henry Ford (1863-1947) e o pintor e inventor italiano Leonardo da Vinci (1452-1519).

Segundo o livro, da Vinci possuía "uma percepção apurada do mundo e dos acontecimentos e uma maneira diferente de ver as coisas, uma das características das mentes com funcionamento DDA". O inventor costumava dizer: "muitos veem, mas não enxergam". Pego emprestada essa frase para falar sobre como muitas crianças parecem ser "invisíveis" aos olhos de nós, os adultos. Olhamos para a inquietude e o "excesso de movimento", mas não as enxergamos como são.

Para aprender, uma criança deve estar relaxada e calma. No entanto, ficar quieta não é coisa de criança. Nessa fase, elas têm uma necessidade maior de movimento. Reflita: nós, adultos, não aguentamos ficar muito tempo parados. Pense em você, sentado, em um congresso ou simpósio. Dependendo do palestrante, ninguém aguenta. Agora, imagine uma criança numa sala de aula, vendo algo que pode considerar maçante. Não tem como manter o foco em muitas ocasiões.

Lília Caldas

O tempo de concentração dela é pequeno. Vemos essa criança lá, mas não a enxergamos, pois não conseguimos entender seu comportamento. Tornam-se crianças "invisíveis", chamadas de malcriadas ou preguiçosas pelos adultos, por não quererem aprender. Mas, pela minha experiência, isso é algo que não existe. Nenhuma criança deixa de aprender por não querer. É provável que haja alguma dificuldade para o aprendizado e o papel do adulto é compreender as causas disso.

Gosto muito da frase "a criança é o pai do homem", que está em um poema do inglês William Wordsworth (1770-1850). É preciso ter em mente que as crianças vão crescer, se tornarão pais, enfim, são o futuro. Portanto, cuidar bem delas é cuidar bem de nosso próprio futuro. E não devemos esquecer que o afeto é o que sustentará esse processo e alcançará o coração da criança com diagnóstico de transtorno mental.

Referências

AMERICAN ACADEMY OF CHILD AND ADOLESCENT PSYCHIATRY (AACAP). *Oppositional Defiant Disorder.* Disponível em: <https://www.aacap. org/AACAP/Families_and_Youth/Facts_for_Families/FFF-Guide/Children- -With-Oppositional-Defiant-Disorder-072.aspx>. Acesso em: 19 out. de 2022.

AMERICAN PSYCHIATRIC ASSOCIATION (APA). *What is ADHD?* Disponível em: <https://www.psychiatry.org/patients-families/adhd/what- -is-adhd>. Acesso em: 21 nov. de 2022.

ASSOCIAÇÃO BRASILEIRA DO DÉFICIT DE ATENÇÃO. *O que é o TDAH?* Disponível em: <https://tdah.org.br/sobre-tdah/o-que-e-tdah/>. Acesso em: 10 out. de 2022.

SIEGEL, D. J.; BRYSON, T. P. *O cérebro da criança: 12 estratégias revolucionárias para nutrir a mente em desenvolvimento do seu filho e ajudar sua família a prosperar.* São Paulo: nVersos, 2015.

SILVA, A. B. B. *Mentes inquietas – TDAH: desatenção, hiperatividade e impulsividade.* São Paulo: Globo, 2014.

TEIXEIRA, G. *O reizinho da casa: manual para crianças opositivas, desafiadoras e desobedientes.* Rio de Janeiro: BestSeller, 2014.

16

A POSTURA SISTÊMICA DOS PAIS E PROFESSORES FRENTE AO DIAGNÓSTICO DA CRIANÇA

Este capítulo é um convite para olhar a postura dos pais e educadores ao receber um diagnóstico e o quanto isso pode afetar uma geração inteira. A nossa postura sistêmica em sala de aula e no consultório nos trouxe resultados incríveis com relação ao desenvolvimento emocional e cognitivo das crianças, porque o amor que se vê é a chave de tudo.

MAIRA ITABORAÍ E SÍLVIA PATRÍCIO CASAGRANDE

Maira Itaboraí

Contatos
mairaitaborai@yahoo.com.br
Instagram: @mairaitaborai
Youtube: Maira Itaboraí
34 99169 5971

Filha de Antonio Augusto e Renilda, neta de Antônio e Esmeraldina, e de João e Afonsa, irmã de Tales, Marco e Thiago. Mãe de um bebê não-nascido e da amada Emily, de 11 anos. Jornalista e pedagoga, especialista em Psicopedagogia, Pedagogia Empresarial, Educação Sistêmica e Parental, Educação Especial/Inclusiva e Neuropsicopedagogia. São mais de 25 anos de atuação e estudo na educação. Apaixonada pelos processos de ensino e aprendizagem, trilhou o caminho da educação infantil, ensino fundamental I, coordenação e direção escolar. Está a serviço da vida, atuando como professora alfabetizadora, neuropsicopedagoga e orientadora de pais e educadores.

Sílvia Patrício Casagrande

Contatos
silvinhakidcoach@gmail.com
Instagram: @silvinhaconectandoamor
YouTube: silvinhaconectandoamor
54 98421 0969

Desde pequena, brincava de aulinha e, na hora de escolher a profissão, não teve dúvidas: magistério foi sua primeira formação. O encanto pela educação não parou e cursou Pedagogia e Psicopedagogia, fez certificação em Educação Emocional e Sistêmica, Disciplina Positiva, *Parent Coaching* e *Kid Coaching*. Estar a serviço de algo maior é o que a move todos os dias, além da gratidão pelo "sim" de seus pais pela sua vida. São 28 anos na educação, entre prática e estudo, na busca de novos conhecimentos para levar às crianças uma educação respeitosa e amorosa.

Qual a condição essencial para que a aprendizagem possa acontecer? Entendemos que a única condição para aprender é estar vivo! E para que a vida aconteça, um casal precisa se encontrar e se colocar disponível para a vida. Somos a misturinha perfeita do papai e da mamãe, 50% de cada um deles para que a vida aconteça em 100%. Ao olharmos com amor para nossa história, somos capazes de fazer o mesmo com nossos alunos, porque estamos conectados a um grande sistema, e alunos e professores estão conectados à sua família. Quando a criança vai à escola, leva consigo toda a história que a compõe.

A expectativa de um resultado positivo para gravidez é a mesma para um resultado negativo de quem investiga, na criança, um transtorno, uma deficiência ou uma síndrome. As emoções se misturam e faltam palavras para definir o sentimento de impotência diante do vazio de não saber lidar com o novo. Conversamos com várias famílias sobre como lidaram com suas emoções ao receberem o diagnóstico, e o fato é que, uma vez com o resultado POSITIVO, todo um processo de luto se inicia. Primeiro, a negação, com a não aceitação do resultado; depois vem a raiva, com a procura por um culpado; em seguida, a negociação, de que talvez não seja, exatamente, o que foi diagnosticado. Por fim como é de se esperar, uma tristeza gigante toma conta da sua vida. Quando morre o filho ideal e nasce o filho real, ocorre a aceitação.

Mas o que as crianças pensam, sentem e decidem enquanto os pais lutam para superar o luto de um diagnóstico? Muitas foram as respostas, e tivemos ainda mais questionamentos com relação à frustração dos pais em receber uma criança atípica, a inquietação dessa criança em não compreender os sentimentos dos pais, o olhar de julgamento, o amor condicionado.

> As crianças vivem no mundo dos sentidos. Para elas, o real é aquilo que entra pelos olhos, pelos ouvidos, pelo nariz, pela boca, pela pele. Elas são seu corpo, inteiramente.
> (ALVES, 2006)

A deficiência afeta o corpo e a mente. A alma, porém, permanece livre. É o olhar voltado para a alma da criança que sustenta e aprofunda o amor em seus pais, e não um diagnóstico. Percebemos que o sentimento de culpa dos pais não libera a criança para seguir emocional e cognitivamente, e a projeção do que vivenciam e experienciam em casa chega na escola. Um microrganismo vivo, o primeiro local público em que a criança vai sozinha, onde ela socializa, se movimenta e revela suas necessidades. Quanto mais longo o processo de negação da família, mais longo será o caminho a percorrer para a criança.

A pedagogia sistêmica, pedagogia do amor e da inclusão, aproximou duas professoras e acolheu dois corações inquietos sobre o que procura uma criança com comportamentos desafiadores, crianças com Transtorno do Espectro Autista, com deficiência intelectual, déficit de atenção e hiperatividade etc. Para onde elas olham? O que procuram além do conhecimento científico? O que querem nos mostrar com seus comportamentos desafiadores? Quem somos enquanto educadores e cuidadores? Qual é o nosso lugar e o que pode acontecer quando nos distanciamos dele?

Nossas reflexões são inspiradas na visão sistêmico-fenomenológica de Bert Hellinger (2021), psicoterapeuta alemão, criador das constelações familiares sistêmicas.

> Técnica que permite olhar o indivíduo dentro do seu contexto familiar e das relações que se estabelecem com as pessoas através de vínculos de amor e lealdade.
> (GUEDES, 2012)

A postura sistêmica inclui, caminha na ressignificação e no amor e contribui para humanizar as relações no ambiente escolar, resultando na melhoria dos processos de ensino-aprendizagem, trazendo um olhar ampliado para o todo, que nos permite enxergar a criança além do diagnóstico que ela carrega. "Todos fazem parte e todos têm um lugar" (FRANKE, 2014).

Se o nosso olhar de educadores ou de pai/mãe ficar preso ao laudo médico, estaremos propensos a questionar os porquês, em encontrar culpados, sendo que a abordagem sistêmica se caracteriza pelo propósito de inclusão. Com base na postura interna que assumimos frente à vida, quando não reconhecemos o sistema familiar ao qual pertencemos, ficamos presos. Não permitimos que a criança esteja livre para ser criança.

Muitos comportamentos disfuncionais vêm do vínculo do amor interrompido e trazem memórias traumáticas. Imaginem como se sente a criança que vivencia os pais se criticando? Culpando-se? Acham que elas se sentem importantes? O filho é a misturinha perfeita do papai e da mamãe, e essa criança precisa estar em paz para a vida fluir, para ser funcional, e isso só acontece quando o papai e a mamãe se honram. Boa parte dos conflitos de convivência e adaptação se devem à necessidade de fazer parte, de ter uma identidade.

Quando há exclusão dentro do sistema, o casal que não aceita o filho exclui a criança do sistema familiar. Essa criança projeta em seu comportamento desafiador a busca pelo amor dos pais. Muitas crianças com deficiência ou com comportamentos desafiadores sentem-se excluídas de seus círculos familiares. Não estão livres para amar, não sentem segurança com relação ao mundo, sua família e seus amigos.

A metáfora do dr. Ross Campbell, psiquiatra especializado no tratamento de crianças e adolescentes, citada por Gary Chapman, valida o que observamos em sala de aula. "Dentro de toda criança existe um 'tanque emocional' que deseja ser cheio de amor. Quando a criança se sente amada, ela se desenvolve normalmente mas, quando o 'tanque está vazio', ela se comporta mal. Grande parte do comportamento inadequado das crianças tem origem em um 'tanque de amor vazio'" (CHAPMAN, 2017).

É necessário registrar que Hellinger (2021) considera que é a ciência do amor que inclui tudo da mesma maneira, que as relações humanas são regidas por algumas ordens e as chamou de Ordens do Amor (pertencimento, hierarquia e equilíbrio). A ordem e o amor estão no princípio de todas as coisas. Somos movidos pelo amor, mas existem formas destrutivas de amar, quando o amor é cego, quando não está em conformidade com a ordem. Tudo o que fazemos na vida, fazemos por amor.

O primeiro sistema da criança é o familiar, no qual elas amam infinitamente seus pais. A escola é o segundo sistema que ela se conectará. Vale ressaltar que a criança não chega lá sozinha, mas com seu pai, mãe e todos os valores de sua família e ancestrais. Nesse novo ambiente, ela precisa encontrar o seu lugar, mas sente que está sendo abandonada por seus pais ou que está abandonando-os, que não é amada e que foi entregue a pessoas que não são de sua família. O que ela traz em sua mochila, além dos materiais solicitados?

A pedagogia sistêmica permite perceber as pessoas não como indivíduos isolados, mas como parte de uma estrutura inter-relacionada. É uma maneira diferente de olhar o processo educativo, vendo os problemas que os alunos trazem em um exemplo profundo de amor, em lealdade a seus pais. Por exemplo: percebemos que, geralmente, uma criança que tem os pais analfabetos não se permite aprender em lealdade a eles. Ela não quer ser maior que o papai e a mamãe. E está tudo bem. Com estímulos, amorosidade e respeito, podemos ajudá-la a se desenvolver cognitiva e emocionalmente.

Muitas vezes, como educadores, nos deparamos com situações desafiadoras e podemos contribuir com as famílias, respeitando o sistema ao qual pertencem. Precisamos trabalhar o nosso não-julgamento, independentemente do comportamento da família. Bert Hellinger (2021) afirma categoricamente que "todos os pais são certos para os seus filhos". Por isso, cabe a nós, educadores, apenas orientar. A família, com tudo que implica, sempre ocupará a primeira posição.

Todos precisam ocupar os seus lugares para a vida fluir, sendo importante o educador apenas oferecer o aprendizado para que a criança possa ter liberdade para recebê-lo. A postura sistêmica nos ensina a olhar, localizar e interagir com os sistemas humanos ao nosso redor. A escola passa a ser um espaço orientado para a aprendizagem da vida. É uma nova forma de olhar que implica em campos profundos.

Muitas intervenções, desenhadas para solucionar problemas na relação *escola-aluno-família,* podem funcionar a partir de uma nova postura que pode ser adquirida com a compreensão das leis naturais de amor que governam o grupo.

Quando o professor recebe em sua sala de aula uma criança que traz na mochila um diagnóstico e tem resistência em aceitá-la, o vínculo que é necessário para que haja aprendizagem fica extremamente comprometido, mas quando consegue ter um olhar sistêmico inclusivo, passa pelo processo de abandonar a ideia de aluno ideal e acolhe o aluno real, podendo olhar para a realidade e dizer: "Agora, eu posso dar conta dessa realidade", desenvolvendo no aluno habilidades sociais de vida que precedem o ler e escrever.

"Quais são as minhas expectativas enquanto professor?", "Quais são as intenções dos pais?", "O que podemos fazer para que juntos possamos desenvolver habilidades e competências?", Pensar sistematicamente não significa negar o planejamento pedagógico, mas olhar para o aluno como protagonista da sua própria história sem excluir a sua ancestralidade e a realidade social na qual está inserido. Nós podemos nos abaixar na altura dos olhos da criança e dizer: "Eu vejo você! Aqui em nossa sala de aula, todos são bem-vindos e têm um lugar especial em meu coração".

Passado, presente e futuro estão unidos por um fio invisível que transita através de gerações e cabe a nós, educadores, honrar e respeitar.

Uma criança que vê um dos pais enfrentando uma doença, por exemplo, pode levar essa situação para a sala de aula por meio de comportamentos não comuns em sua rotina e, por amor, ela quer encontrar a solução para esse problema familiar. Suas inquietações na tentativa de encontrar a solução farão com que não esteja disponível para receber o aprendizado transmitido. Nesse sentido, a postura sistêmica nos permite olhar para o fenômeno sem julgamento ou preconceitos, apenas dá autoridade ao sistema. O educador não ouve, ele escuta e se coloca disponível para o aluno.

Estamos conectados em várias teias sistêmicas e, enquanto educadores, devemos respeitar os pais dos alunos sem julgamentos. Podemos ser amorosos e deixar os limites que permeiam nossa prática em sala de aula bem claros, não há certo ou errado, tudo depende do contexto.

A pedagogia sistêmica não tem nenhuma pretensão de resolver todos os problemas do contexto escolar. Ela é capaz de trazer leveza e amorosidade a possíveis soluções, tornando a convivência mais tranquila e apontando para as soluções possíveis. Proporciona fluidez, devolve a paz, a tranquilidade, de dentro para fora, e o resto é consequência.

Acreditamos que, quando pais e professores mudam sua postura e se conectam com a criança, tudo muda, todos ficam livres. Neurotípicas ou atípicas, as crianças aprendem melhor quando estão com seu "tanque de amor" cheio, quando sentem que são amadas, pertencentes àquela família, à escola, à sala de aula e/ou nos espaços que frequentam. Conseguem desenvolver habilidades socioemocionais e cognitivas independentemente de um laudo médico.

A nossa postura nos permite olhar com leveza para as possibilidades do outro, amar a criança não pelo que ela faz, mas pelo que ela é, levando-nos a fazer coisas junto dela e não para ela.

E, afinal,

> quem se habilita a ofertar à criança uma página, um verso, um dizer – que o faça com a unção de quem deposita flores no altar de uma alma [...] Quem se atreve a modelar os sonhos das novas gerações e projetar imagens que criarão atos e impulsos, pensamentos e outras criações, que o faça com a responsabilidade absoluta da beleza e do bem. Há tantas fontes de inspiração inexploradas, há tantas belas palavras ainda não suficientemente bem arranjadas para carregarem no bojo mensagens eternas, que quase me sinto tentada a repetir meu ofício na próxima vida terrestre e, quiçá, alcançar maior elevação do que me foi dado realizar, para escrever novamente a esses seres que adoro. Esses seres que, enquanto crianças, manifestam o que de melhor há na humanidade para ser amado. Enquanto isso, vou inspirando aqui e ali, anônima ou explicitamente, aqueles que se afinam com esses propósitos, mas esperando sempre que os adultos finalmente se convençam dos cuidados extremos que devem tomar no cultivo da alma infantil. (GONCALVES *apud* LISPECTOR, 2015).

Referências

ALVES, R. *Por uma educação romântica.* Campinas: Papirus Editora, 2006.

CHAPMAN, G. *As 5 linguagens do amor: como expressar um compromisso de amor a seu cônjuge.* São Paulo: Mundo Cristão, 2017.

FRANKE-GRICKSCH, M. *Você é um de nós: percepções e soluções sistêmicas para professores, pais e alunos.* Belo Horizonte: Atman, 2014.

GUEDES, O. *Pedagogia sistêmica: o que traz quem levamos para a escola?* Curitiba: Appris, 2012.

HELLINGER, B. *As ordens do amor: um guia para o trabalho com constelações familiares.* São Paulo: Cultrix, 2021.

INCONTRI, D. *A educação segundo o espiritismo.* Bragança Paulista: Comenius, 2008.

VIEIRA, J. L. T. *Introdução à pedagogia sistêmica: uma nova postura para pais e educadores.* Campo Grande: Life Editora, 2021.

17

A IMPORTÂNCIA DO AFETO NA FORMAÇÃO DE PROFESSORES

O que é afetar? Em quais momentos as emoções e os afetos nos ajudam a aprender mais e melhor? Neste texto, vamos entender como a afetividade é um elemento importante para provocar a reflexão e a transformação da prática docente.

MAIRA TANGERINO

Maira Tangerino

Contatos
bit.ly/mairatangerino_prof
mairafrancotangerino@gmail.com
11 97402 4957

Maira Franco Tangerino é pedagoga, professora de História, *coach* educacional e especialista em EAD e Tecnologias Educacionais. Pós-graduada em Design Instrucional e UX Design, fez especialização em *Strong Relationships and Interactions* (Harvard University, EUA). Atualmente, é formadora da Associação Nova Escola, coordenadora de projetos na Foreducation Edtech, professora e tutora na Uniaraguaia, na pós-graduação de Educação Infantil, Docência no Ensino Superior e Metodologias Ativas para uma Educação Inovadora, além de exercer a coordenação adjunta das pós-graduações em ensino híbrido. É também uma das fundadoras da educação infantil em REDE, uma organização de apoio formativo para os professores do Brasil.

Mora no senso comum, no cotidiano das conversas do mundo da educação, a ideia constante de que o afeto faz parte da escola. Obviamente, a ideia é correta. Entretanto, muitas vezes, afeto, nesse contexto, está balizado na identidade do carinho e do amor. Neste texto, proponho ampliar essa ideia e trazer a dimensão do afeto na perspectiva de afetar outra pessoa de alguma forma. E, nesse sentido, afetar é um sinônimo de atingir, provocar, cutucar, empoderar e refletir. Mas, calma, leitores, não tenho a intenção de tirar o amor do sentido de afeto, porém, me proponho a reprogramar como usamos a qualidade do afeto para trazer a dimensão mais profunda da transformação, principalmente na formação de professores.

Não sei marcar no tempo quando foi que o afeto tomou lugar na vida da escola. Contudo, depois de anos de docência e de formação de professores, identifico que foi na teoria de Wallon (GALVÃO, 1995) que o termo ganhou embasamento. Henri Paul Hyacinthe Wallon foi filósofo, médico, psicólogo e político francês. Veio ao mundo em 1879, na França, mais precisamente em Paris, e dedicou sua vida à maravilhosa tarefa de pesquisa e observação da criança, especificamente no ambiente escolar. Wallon entendia que a formação do ser humano acontece de forma integral, combinando fatores internos e externos, com a linguagem e, especialmente, nas relações. Ele, portanto, propôs o estudo do ser humano inteiro. Ou seja, não só na parte cognitiva, como também o ser humano visto do ponto de vista da afetividade.

A emoção, para Wallon, encontra-se na origem da consciência. Entretanto, classicamente, há várias tendências que interpretam as emoções de maneiras diversas e desconsideram a sua complexidade na formação dos sujeitos.

Por um lado, há quem sustente que as emoções são reações desordenadas e tumultuadas que, simplesmente, acontecem em nossa vida. Imagine, por exemplo, que você acaba de comprar uma roupa nova e a colocou planejando usar em um evento muito esperado. Uma pessoa próxima, sem querer, derruba café nessa roupa e, imediatamente, uma raiva explode em você. Uma

Maira Tangerino

discussão começa e um clima pesado invade a relação entre você e essa pessoa. Nesse caso, as emoções são vistas de uma perspectiva negativa, que imprime consequências para a vida.

Outra tendência olha as emoções como um poder ativador positivo necessário para aumentar a disponibilidade energética do corpo por meio da adrenalina. Imagine um perigo iminente que te alcança. É nesse momento que seu corpo (ou você) reage de maneiras inimagináveis para se colocar em segurança.

As duas tendências, que parecem se opor entre si, para Wallon (GALVÃO, 1995), se encontram em um ponto bem específico: elas tentam enquadrar as emoções em lógicas simplistas e até mesmo lineares, que pretendem tomar partido entre as emoções como elementos negativos ou positivos da vida.

Wallon é um dos grandes teóricos da educação que tenta trazer para as emoções a ideia de que elas são reações organizadas e exercem funções específicas para a vida. Ele amplia o olhar para as emoções se baseando no fato de que elas têm centros próprios de processamento no corpo e, portanto, uma utilidade para a vida.

Obviamente, ao dirigir o seu estudo para as crianças, Wallon (GALVÃO, 1995) identifica e separa que, nos primeiros anos de vida, as emoções aparecem mais intensas em surtos e reações mais marcadas, diferentemente dos adultos. É neste ponto que entendemos que as teorias clássicas, ao classificar as emoções nos aspectos mais reativos dos adultos ao mundo exterior objetivo, acabam desconsiderando o forte papel que elas têm nas ações humanas sobre o mundo físico e cognitivo.

As emoções e os desejos, em si, são as manifestações da vida afetiva. Entretanto, como começamos nossa conversa neste texto, afeto não é um paralelo direto com afetividade.

Emoções são reações marcadas, com qualidades próprias e que, inclusive, podem ser – e na maioria das vezes são – expressadas diretamente pelo corpo. É comum sorrir ou rir descontroladamente diante de uma situação engraçada ou, ainda, sentir esvair lágrimas dos olhos diante de uma cena que provoca tristeza.

Entretanto, as emoções têm uma qualidade própria do seu existir que reside na afetividade. Nós não nos emocionamos puramente, sempre dependemos da conexão com o outro para reagir e, portanto, nos emocionarmos. O humor, para esse ponto, é uma das situações mais icônicas. Na década de 1950, por exemplo, piadas com mulheres poderiam ser deveras engraçadas. Hoje em dia, depois do avanço do feminismo e do aumento da consciência em relação à condição da mulher, há piadas que sequer provocam riso em uma plateia. Podemos, portanto, entender que quanto mais temos consciência reflexiva sobre uma informação, menos afetados somos por ela e conseguimos, de fato, entender suas raízes e motivações. É exatamente nesse aspecto que quero ligar a afetividade à ação formativa de professores em serviço.

Um grande clichê da vida moderna é a ideia de que as pessoas são aprendizes a vida inteira. Ou seja, o ideal de vida que antes era estudar, trabalhar e, por fim, se realizar é substituído pela ideia de que sempre estamos aprendendo em todas as situações da vida. Um grande desafio é transformar esse clichê em realidade e prática e estabelecer as verdadeiras dimensões do que realmente precisa ser aprendido e como isso continua sendo ensinado. Mais ainda: esses novos paradigmas de aprendizagem exigem um olhar analítico de quem ensina para entender que as mesmas referências de aprendizagem acumuladas ao longo da vida precisam ser revisitadas e ampliadas. É aqui que a afetividade faz sentido na formação dos professores.

Se entendemos a nossa própria relação de aprendizagem mediada pelas emoções e, consequentemente, pela afetividade, a formação de professores tem um poderoso papel de estabelecer circuitos reflexivos que sustentem uma mudança saudável da prática docente.

A prática passa por mudanças na medida em que somos capazes de movimentar os conhecimentos, crenças e valores que temos estabelecidos pelas nossas experiências anteriores. Essas mudanças precisam passar pelo viés reflexivo e trazer à consciência do docente padrões arraigados para que ele possa contestá-los e transformá-los. Obviamente, não basta aqui tirar crenças antigas do lugar e não devolver a esse vazio novas crenças e ideias para preenchê-o.

Uma boa maneira de fazer essa ação na prática é propor vivências pedagógicas embasadas em práticas inovadoras e criar um espaço seguro e acolhedor de debate em que docentes possam expressar o quanto são afetados por essas novas práticas. Na mediação, é preciso que haja um convite sincero do debate para a reflexão. Nesse debate, é conveniente destacar pontos em que os docentes reconhecem os seus avanços e semelhanças da prática inovadora como seu próprio método; mas, também, proporcionalmente instigar que percebam em que momento ainda estão limitados por ideias tradicionais.

Esse exercício acima requer prática, confiança e uma relação que, mesmo embasada na práxis como reflexão, englobe a afetividade como combustível desse processo. E quando descrevo essas necessidades, me coloco como pro-

Maira Tangerino

fessora para todos os professores e professoras; como humana atingida por esse exercício, abaixo explico.

Há mais de 20 anos estou na escola; já estou pertinho de completar bodas de prata como docente. Tenho na lembrança e principalmente no meu coração a clareza de quando e como entendi que a afetividade atingia a minha própria identidade como formadora. Um dia, em um momento formativo, uma gestora me disse: "Você não nasceu com competência e habilidade alguma para lidar com pessoas e deveria seguir qualquer outro caminho longe da escola". Nem preciso dizer como essas palavras entraram como ferro em mim. Eu já amava a educação, eu já amava ensinar, eu já sabia o que queria ser e foi bastante doloroso ouvir de alguém que eu admirava essa sentença. "Você não nasceu para lidar com pessoas", essa frase, que me acompanhou por anos e que poderia ter significado o impulso para que eu fizesse outras escolhas na vida, foi exatamente meu ponto de mudança. Afetada, eu comecei a questionar: se ninguém nasce no controle das emoções, se a afetividade e a relação com os pares são o nosso jeito de aprender a lidar com as situações do cotidiano, como eu posso usar a afetividade para me tornar uma professora melhor?

Hoje, eu sinto uma gratidão imensa por ter sido afetada por esse momento na minha vida. Foi exatamente ali que a afetividade me colocou em movimento de reflexão e comecei a entender que precisava buscar recursos para apoiar outras pessoas a refletir sobre sua própria prática e, assim, ligar os motores que movimentam as mudanças. Me orgulho de ter me tornado uma formadora que troca com professores do Brasil inteiro. Sinto uma felicidade imensa em saber que, cada vez que eu entro num movimento com um grupo de professores e professoras, estou apoiando uma prática pedagógica melhor para crianças de todos os cantos. E posso dizer que tomar consciência desse rico processo e entender a relação da formação com o afeto me ajuda a me tornar uma formadora mais empática, que provoca, empodera, instiga e dá coragem.

Quero descrever uma situação vivida no meu cotidiano de formadora que ilustra essa ideia. Entretanto, quero também convidar você, que a esta altura já está afetado por este capítulo, a estudar o caso abaixo e se perguntar: como, nesta prática, identificamos as crenças que levavam para uma prática tradicional e, pela afetividade, criamos crenças extraordinárias?

Uma escola fez um convite formativo para professores e nosso objetivo era desmobilizar práticas tradicionais e trazer práticas ativas que considerassem o aluno como protagonista do processo. Comecei minha conversa com as professoras presentes, fiz uma escuta ativa quanto às expectativas e todas relatavam que, naquele momento, esperavam que eu fosse capaz de listar práticas que elas pudessem reproduzir com os alunos na sala de aula. Essa fala, segundo elas, vinha da angústia de não entender com clareza como criar situações de aprendizagem inovadoras, que afetassem os alunos e engajassem o aprendizado.

Contextualizei, então, que iríamos, primeiro, vivenciar uma prática e, em seguida, iríamos entender se a prática iria de encontro com as expectativas relatadas. Na prática[1], uma das professoras deveria descrever como se faz um desenho e as outras seguiram as instruções propostas, tentando chegar o mais próximo possível do desenho descrito. Ao final da prática, eu trouxe a pergunta: o que essa ação tem a ver com aprender e ensinar? Imediatamente, as professoras começam a relatar que se viam, duplamente, como alunas e professoras durante a vivência. Várias reflexões emergem das falas, e a que mais destaco é: nunca havia pensado que, como docente, o tempo todo eu tenho um desenho de aprendizado na minha cabeça e, dependendo de como conduzo para fazer este desenho, tenho resultados diferentes. Nesse momento, tentei mediar e perguntei como as professoras se sentiam afetadas por essa reflexão.

Ao falar dos afetos, as professoras entendem que ao mesmo tempo que enxergam que podem estar presas a práticas que não apoiam a aprendizagem quando não conseguem fazer bem esse desenho com os alunos, elas também percebem que as interações pedagógicas bem planejadas são o ajuste ideal para melhorar o engajamento. Não foi necessário dizer, como numa palestra: é preciso planejar melhor. Ao afetar as professoras pela prática, a reflexão vai surgindo pelas camadas da afetividade.

Essa prática, relatada acima, eu aprendi com um grande professor e amigo, o querido Rodrigo Blanco. Eu tive a oportunidade de vê-lo conduzir inúmeras vezes essa atividade, em momentos formativos vividos na Associação Nova Escola.

Finalizo minha reflexão convidando vocês a reconhecerem dois pontos de potência que trouxe neste texto para levar para a vida:

- **Ponto 1:** vamos reconhecer que as relações nos afetam.
- **Ponto 2:** quanto mais nos apropriamos de como somos afetados, mais temos consciência de produzir reflexão – vamos nos permitir os afetos e pensar sobre eles.

Enfim, em três passos é possível garantir que, em momentos de formação, a afetividade faça sentido na vida e na prática dos professores:

---

1 Essa prática relatada foi uma atividade adaptada de um modelo presente no livro da Rachel Lotan, *Planejando o trabalho em grupo*, citado nas referências), para uma formação oferecida pela Nova Escola.

- **Passo 1:** crie um espaço legítimo e seguro de escuta. É nesse espaço que você mobiliza, entende e facilita reconhecer as dores, dificuldades e crenças que limitam os processos pedagógicos.
- **Passo 2:** escolha momentos de vivência que permitam um olhar genuíno para a prática. Esse momento pode ser uma dinâmica simples, mas ativa; uma pergunta potente e coerente. Embora simples, é o momento que afeta, mobiliza e movimenta a reflexão que está sendo buscada na formação.
- **Passo 3:** faça um inventário claro e generoso das crenças que eram limitantes e que se transformaram em aprendizado, em crenças extraordinárias. Deixe evidente que o afeto foi o propulsor desta nova experiência construída.

Lembre-se: troque experiências com outros formadores (comigo, inclusive). Vamos compartilhar nossos afetos!

Referências

BRANSFORD, J. *Preparando os professores para um mundo em transformação.* Porto Alegre: Penso, 2019.

BROUGÈRE, G.; ULMANN, A. *Aprender pela vida cotidiana.* Campinas: Autores Associados, 2012.

CITY, E.; ELMORE, R. F.; FIARMAN, S. *Rodadas pedagógicas: como o trabalho em redes pode melhorar o ensino e a aprendizagem.* São Paulo: Penso, 2014.

COHEN, E. G.; LOTAN, R. A. *Planejando o trabalho em grupo.* 3. ed. Porto Alegre: Penso, 2017.

GALVÃO, I. *Henri Wallon: uma concepção dialética do desenvolvimento infantil.* Petropólis: Vozes, 1995.

18

A IMPORTÂNCIA DO AUTOCONHECIMENTO E DOS VALORES DOS PAIS NA FORMAÇÃO DOS FILHOS

Os pais são a referência mais importante na formação dos filhos. Uma parentalidade coerente e consciente pode ser apoiada pela busca do autoconhecimento e dos valores para eles como família. Ainda assim, é preciso estar ciente de que desafios ocorrerão e que essas relações são construídas dia a dia, com humanidade e verdade.

MARIA CAROLINA LIZARELLI BENTO DE REZENDE

Maria Carolina Lizarelli Bento de Rezende

Contatos
psicologa@mariacarolrezende.com.br
mcarol.rezende@terra.com.br
Instagram: @mariacarol.rezende
19 99158 6259

Psicóloga clínica infantil, de adolescentes e adultos desde 1999. Mestre em Psicologia Clínica pela PUC-Campinas (2001) e especialista em Terapia por Contingências de Reforçamento (2011). Especialista em Terapia de Aceitação e Compromisso (Ceconte). Atuou como supervisora e docente do curso de graduação de Psicologia e pós-graduação em Psicopedagogia. Autora de artigos em revistas científicas e de capítulos de livros na área da psicologia. Como psicóloga clínica, tem experiência nos mais diversos temas da psicologia infantil (déficits de habilidades sociais, emocionais e comportamentais, transtornos do desenvolvimento, dificuldades e transtornos de aprendizagem, separação conjugal, luto, autoconhecimento, entre outros).

Conhece-te a ti mesmo.
Inscrição no Templo de Apolo (Delfos, Atenas), IV a.C.

Se eu começar este capítulo dizendo o quanto os pais ou responsáveis são importantes no desenvolvimento e na vida de seus filhos, não trarei nenhuma novidade. Pais são a grande referência, sim, para os filhos, sejam elas positivas ou negativas. Mesmo querendo acertar sempre e buscando informações para serem os melhores pais, se deparam, muitas vezes, com uma história de vida que pode ter deixado marcas ou crenças que impedem de agir da forma como gostariam. Isso não quer dizer que estão presos à sua própria história, mas, sim, que quanto maior o nível de autoconhecimento a respeito do que já têm de habilidade e do que ainda precisa desenvolver, maiores as chances de encontrar novos caminhos para percorrer junto de seus filhos uma vida significativa.

A importância do autoconhecimento

Quem é você? Que pai ou mãe você é?

Será que você já buscou essas respostas? Será que já encontrou essas respostas?

Acredito que não exista um fim nessa busca. Conhecer-se é um exercício que não se esgota pois, enquanto seres humanos psicossociais, estamos em constante transformação. Aprendemos com nossas experiências e com as dos outros, é uma influência mútua acontecendo a todo momento enquanto estamos nos relacionando. E ainda tem mais: trazemos também as aprendizagens da nossa história, que precisa ser revisitada sempre com olhares curiosos e sem um espírito de julgamento, pois assim conseguiremos entender por que escolhemos ou aprendemos a nos comportar assim e não assado. E isso é autoconhecimento.

Maria Carolina Lizarelli Bento de Rezende

O autoconhecimento é importante não apenas para aquele que mergulha no seu próprio mundo, mas também para os que estão ao seu redor. Ele possibilita vários benefícios; citarei alguns:

- Um deles é que situa o indivíduo no momento presente, fazendo a conexão com sua história de experiências, que foi responsável pelo repertório comportamental que possui atualmente.
- Outro benefício é que ele torna a pessoa mais consciente e coerente com suas escolhas. A partir do momento em que o indivíduo reconhece o que é importante para si, levando em consideração o que aprendeu com as experiências e as pessoas importantes, ele certamente terá mais facilidade de traçar caminhos que coincidam com seus valores. Não é fazer assim porque disseram que era melhor, mas ter consciência de que "vou fazer assim porque isso faz sentido com a vida que quero viver". Nem sempre a tomada de consciência garante uma vida isenta de desconforto, mas com certeza uma vida coerente consigo mesmo.

O autoconhecimento também traz a possibilidade de entender como os problemas lhe atingem e aprender a lidar com eles, e se a pessoa quiser, ainda pode ter a oportunidade de modificá-los. Aqui está um ponto relevante: diante do que conheço sobre mim, posso assumir uma postura ativa de como quero viver, com várias possibilidades e alternativas, e determinar quais batalhas enfrentar e quais deixar passar, e, com isso, vou me modificando, sempre em direção à vida que escolho viver como pessoa e, em algum momento, como mãe.

Desafios da parentalidade: da bagagem da história de vida para o autoconhecimento

Como já dito, abrir-se para a possibilidade de se conhecer, inclusive como pais, sem dúvida é abraçar e trabalhar os aspectos de sua história com as dores e doces lembranças do que foi vivido e que tanto impacta a vida hoje. Sendo assim, quanto mais os pais se conhecem, mais fácil é perceber as influências da educação que receberam de seus pais e de outras interações sociais que contribuíram para o desenvolvimento de suas habilidades e déficits. É assumindo a sua história e escolhendo o que irá fazer com ela que os pais podem se aproximar de serem quem querem ser, com consciência e coerência, além de estabelecer um relacionamento mais efetivo e harmônico com os filhos.

Vejam um exemplo: se o pai, que teve uma história difícil com seus pais, não se debruça nos acontecimentos dolorosos ou difíceis que marcaram o seu passado, ele pode, facilmente, ser sequestrado por essa lembrança quando viver uma situação semelhante com o filho, deixará de estar presente e fazer escolhas sensatas para a situação atual porque está preso na sua história.

No livro *Parentalidade consciente*, os autores Siegel e Hartzell (2020) citam a história de uma mãe que relata: "Várias questões pendentes da minha infância estavam afetando o relacionamento com os meus filhos e os privando de experiências que poderiam ser agradáveis".

Ter autoconhecimento é importante em vários aspectos da vida, mas na parentalidade ele é fundamental. Autoconhecer-se é estar no momento do conflito com a criança e tomar uma decisão de acordo com o que é realmente importante para os pais e a família (os valores da família atual). Não se deixar levar pelos pensamentos e sentimentos desagradáveis de autocrítica, de autojulgamento e de autocobrança, construídos a partir de sua história de vida ou das cobranças atuais da sociedade quanto ao que é ser um bom pai/uma boa mãe.

Será que isso já aconteceu com você? Diante de uma situação na qual seu filho está chorando sem parar, você começa a se cobrar, questionando-se por que não conseguiu ser uma boa mãe, sentindo-se fracassada e incompetente. E de tanto se prender nesses pensamentos, você se desconecta do momento presente, o qual exige de você uma atitude adequada e sensível ao que está acontecendo com o seu filho naquela hora? A atenção plena aos pensamentos e sentimentos possibilita aos pais uma verdadeira conexão com os filhos e a situação que ocorre no aqui e agora.

Quantas vezes você pode ter reagido de uma forma desproporcional a algum comportamento do seu filho e ele ficou sem entender aquela reação? Por que será que isso acontece? Na verdade, você pode ter acessado alguma lembrança de sua história que te fez reagir automaticamente a ela e não ao que estava acontecendo de fato com o seu filho naquele momento.

Veja este outro exemplo:

Você está no supermercado e seu filho começa a fazer um escândalo porque queria levar um saco de balas e você disse que não levaria.

Você, autoconsciente (que se conhece melhor e consegue ter clareza de como quer educar seus filhos), diz:

— Filho, sei que você adora essa bala e está com raiva porque eu disse que não vou levar. Mas um pacote é muita bala, faz mal para os seus dentes e para a sua barriga. – seu valor de cuidar da saúde da família – Podemos comprar apenas uma bala dessas em outro lugar, quando sairmos daqui?

Tomado pelos sentimentos e pensamentos de autocrítica e autocobrança, você pensa: "Ai, meu Deus. Os outros estão achando que eu sou uma péssima mãe, que poderia ser melhor. Afinal, o que é um pacote de bala?". Você acaba dizendo:

— Filho, você quer mesmo todas essas balas? Acho que é muita bala. Mas calma! Tá bom, só dessa vez, tá? Na próxima, não vou comprar.

Quando você tem clareza do que é importante para si (seus valores), quando está no momento presente, realmente conectado com o aqui e o agora da situação e com o seu filho, é muito mais fácil fazer a melhor escolha de como agir. Com calma, ciente de que está tomando a melhor decisão naquele momento, independentemente de olhares ou da reação de terceiros (ou das aprendizagens que trazemos de nossos pais, mas não nos servem mais).

E vou dizer uma coisa: estar no momento presente não é uma tarefa fácil com essa vida "multitarefas" que se leva. A mente acelerada pensa em muitas coisas ao mesmo tempo, bem como, rapidamente, vai para o passado e futuro, roubando a possibilidade de estar no presente. Dessa forma, apenas tendo clareza dos valores é possível não se perder no caminho que se quer seguir na educação dos filhos.

Valores como norte de nossas escolhas como pais

E por falar em valores, o que realmente isso quer dizer? Valor é aquilo que é significativo para o indivíduo, é o que realmente importa na vida dele.

> Valores podem ser entendidos como aspectos que descrevem a pessoa que você quer ser ou que identifiquem o que ou quem é importante para você.
> (SABAN, 2015)

OK! Entendi que valores apontam a direção de como eu escolho me comportar com o meu filho, mas como fazer para que isso aconteça na prática da parentalidade?

Vamos pensar em um pai que tem um bom autoconhecimento e define que, para ele, é valorosa uma educação pautada em autonomia, compaixão, conexão, coragem, empatia, responsabilidade e verdade (aqui cito alguns exemplos, dentre vários). Os comportamentos e a relação que terá com seu filho serão adotados a partir desses valores. Dessa forma, imagine uma situação na qual o pai descobriu que seu filho furtou lindas canetas brilhantes de um amigo da escola. Em vez de se render ao sentimento de fracasso e vergonha que pode ocorrer e à ideia de punir o comportamento do filho, colocando-o de castigo sem brincar com os amigos por 15 dias, esse pai irá se sentar diante do filho, colocar-se no lugar dele e, olhando nos seus olhos, irá dizer que entende que ele gostaria de ter aquelas canetas, mas pegar sem permissão não é um comportamento aceitável na sua família. Irá conversar sobre o fato e as consequências dele para todos os envolvidos, apoiando a criança e encorajando-a a devolver e se desculpar pelo acontecido. Aqui, o pai usa seus valores como norte daquilo que importa para a formação de seu filho.

Parece bem simples educar filhos assim, não é? Tenho certeza de que não. A prática parental é um processo repleto de desafios e, também, de muita alegria, felicidade, afeto e amor. Eis a dialética da vida, é possível experienciar amor e alegria durante a parentalidade, bem como vivenciar momentos de tristeza e desgaste emocional e está tudo bem, você não será um péssimo pai, mãe ou cuidador por isso. Na verdade, visualizar e permitir-se sentir essas polaridades o torna humano (COYNE & MURREL, 2009).

Viver uma vida valorosa não é fácil, mas é possível vivê-la de forma significativa e transformadora, gerando inúmeras oportunidades de aprendizado. Por mais desconfortável, desagradável ou desafiadora que seja uma experiência com sua criança, existem múltiplas oportunidades de transformação e construção de repertórios comportamentais flexíveis e valorosos para você e para ela. E essa é a vida de todos nós, construída dia a dia, com humanidade e verdade.

Referências

COYNE, L. W.; MURRELL, A. R.. *The Joy of Parenting: An Acceptance and Commitment Therapy Guide to Effective Parenting in the Early Years*. Oakland: New Harbinger, 2009.

SABAN, M. T. *Introdução à terapia de aceitação e compromisso*. 2. ed. Belo Horizonte: Artesã, 2015.

SIEGEL, D. J.; HARTZELL, M. H. *Parentalidade consciente: como o autoconhecimento nos ajuda a criar nossos filhos*. São Paulo: nVersos, 2020.

19

RELAÇÃO AFETIVA
O LEGADO INESQUECÍVEL ENTRE O PROFESSOR E O ALUNO ADOLESCENTE

Neste capítulo, os educadores farão uma reflexão sobre a importância da afetividade no ensino-aprendizagem. A escolha do tema se deu por meio de 25 anos de experiências vividas em escolas. Praticar o afeto na conexão com o adolescente resulta em melhorias nos comportamentos, no desenvolvimento cognitivo, no fortalecimento do vínculo e nos estreitamentos da intimidade entre o professor e o aluno, principalmente nos dias atuais.

NARCIZIA GOMES

Narcizia Gomes

Contatos
escritoranarcizia@gmail.com
Facebook: narcizia.gomes
Instagram: @narcizia.gomes
98 98177 8146

Docente com 25 anos de experiência, atuando na área de educação, ministrando aulas, coordenando, palestrando, participando de palestras, semanas pedagógicas, formação continuada, treinando equipes – e sendo treinada – e com diversas formações, cursos e oficinas na área educacional. Graduada em Biologia (UEMA), bacharel em Serviço Social (UNISEB), pós-graduada em Sexologia (UCAM), formada em *Coaching* (FEBRACIS), *Parent Coaching* e *Coaching* Educacional (DNA), formada em Psicanálise pela Escola de Psicanálise Sigmund Freud (SBPMA). Palestrante (FEBRACIS) e educadora parental, graduanda em Psicologia e mestranda em Psicanálise.

Um excelente educador não é um ser humano perfeito, mas alguém
que tem a serenidade para aprender.
AUGUSTO CURY

Afetividade

Segundo o dicionário *Aurélio*, a palavra *afetividade* é definida como "conjunto de fenômenos psíquicos que se manifestam sob a forma de emoções, sentimentos e paixões, acompanhados sempre da impressão de dor ou prazer, de satisfação ou insatisfação, de agrado ou desagrado, de alegria ou tristeza".

Adolescência

A palavra *adolescência* vem do latim *adolescere*, que significa "crescer". É um período de transição no desenvolvimento entre a infância e a vida adulta que impõe grandes mudanças físicas, cognitivas e psicossociais.

Segundo o Estatuto da Criança e do Adolescente (ECA), Art. 2º, considera-se criança, para os efeitos desta Lei, a pessoa até doze anos de idade incompletos, e adolescente aquela entre doze e dezoito anos de idade.

A adolescência é um período marcado por consideráveis mudanças anatômicas, fisiológicas, hormonais, cerebrais e emocionais, sendo que as transformações físicas são as que mais marcam a saída da infância para a entrada na adolescência, fase também conhecida como luto. Para muitos, a visão que predomina sobre o adolescente é a de que são "aborrecentes", "problemáticos", "antissociais", "preguiçosos", "improdutivos", "irresponsáveis", "dramáticos", "exagerados", "vivem no mundo da lua", "sem futuro", " só falam bobagem" etc. Ou seja, criam-se diversos estereótipos, ignorando muitas vezes suas necessidades, fragilidades e seu potencial. E é na adolescência que mais se precisa de palavras de afirmação e encorajamento. Porém, é exatamente nessa fase da puberdade que muitos são provocados com palavras pejorativas na tentativa de fazer com que se comportem do modo que consideram ideal. O caminho que iremos percorrer neste capitulo é a afetividade como uma ferramenta poderosa para compreender essa fase tão desafiadora do desenvolvimento humano.

Educar a mente sem educar o coração não é educação.
ARISTÓTELES

A educação é uma prática social que colabora no desenvolvimento humano por meio do processo de ensino-aprendizagem. Atuar na educação exige constantes reflexões; a missão é árdua, pois, para formar um ser humano de forma integral e sistêmica, capaz de evoluir na busca de seus objetivos, faz-se necessário trabalhar a afetividade no espaço escolar. Por muito tempo, acreditava-se que um bom professor precisaria apenas conhecer muito bem sua disciplina e focar na competência cognitiva, porém, atualmente, sabe-se que as competências socioemocionais são vieses na formação integral e sistêmica do aluno. Num âmbito escolar há muitas realidades distintas, um ambiente fértil de mentes e corações inquietos e apreensivos, relações marcadas por frustrações e ansiedades. Somente com o olhar afetuoso e ponderado do professor será possível colher com precisão os frutos da aprendizagem. O afeto na relação professor-aluno, nos dias de hoje, é uma prática pedagógica indissociável.

Na visão de Piaget, "A vida emocional e a vida cognitiva são inseparáveis, embora sejam diferentes", uma não funcionará sem a outra. A relação afetiva entre professor e aluno deve ser o fio condutor, o suporte do processo de uma aprendizagem significativa.

O educador já não é mais o que apenas educa, mas o que, enquanto educa, é educado, em diálogo com o educando que, ao ser educado, também educa. Ambos, assim, se tornam sujeitos do processo em que crescem juntos. Segundo Freire, ninguém educa ninguém, ninguém educa a si mesmo, os homens se educam entre si, mediatizados pelo mundo.

Na educação, todos se educam, mas, antes de ser um educador, é fundamental educar a si mesmo pois o relacionamento entre o professor e o aluno pode ter grande impacto – positivo ou negativo – no desenvolvimento cognitivo e psicossocial do aluno; portanto, é preciso que se estabeleça uma relação de afetividade como uma prática pedagógica por meio do diálogo, em que o professor crie situações que favoreçam o aluno a expressar aquilo que já sabe sobre o conteúdo e o mundo que o cerca.

O professor também é afetado pelas interações, sentimento, emoções e pelo meio mas, como adulto, encontra meios de reagir de modo equilibrado diante dos conflitos. A maneira como o professor se posiciona diante dos conflitos e como esses são resolvidos se reflete positiva ou negativamente nas relações do aluno com o conhecimento e com os outros. Segundo Freire (1996), "o bom professor é o que consegue, enquanto fala, trazer o aluno até a intimidade do movimento do seu pensamento". Para Freire, o diálogo afetivo é a melhor forma de resolver situações de conflito junto ao adolescente.

As transformações da ação, provenientes do início da socialização, não têm importância apenas para a inteligência e para o pensamento, mas repercutem também, profundamente, na vida afetiva. Como já entrevimos, desde o período pré-verbal, existe um estreito paralelismo entre o desenvolvimento da afetividade e o das funções intelectuais, já que esses são dois aspectos indissociáveis de cada ação. Em toda conduta as motivações e o dinamismo energético provêm da afetividade, enquanto as técnicas e o ajustamento dos meios empregados constituem o aspecto cognitivo (PIAGET, 1999).

Algumas pesquisas mostram que a criança estabelece o vínculo afetivo ainda na barriga da mãe. Nesse sentido, a afetividade é inegável como instrumento facilitador dos processos de ensino-aprendizagem.

A afetividade se manifesta por meio de emoções, sentimentos e paixões acompanhados da impressão de dor ou prazer, de satisfação ou insatisfação, de alegria ou tristeza. As principais dores do adolescente são: aceitar e saber lidar com sua transformação física, lidar com as pressões escolares, dificuldade em fazer amizades e lidar com essas relações, sentir-se inadequados e julgados, descobrir suas forças e sua posição no mundo, baixa autoestima, entender a própria sexualidade, família fragmentada (criados por avós, parentes), pais ausentes, escolha da profissão e crenças limitantes. Padrões de comportamentos de risco geralmente surgem nessa fase. Os mais comuns são: uso de drogas, atividades sexuais, gravidez precoce, conflitos com os pais, o uso de vestimentas e linguagens semelhantes para se sentirem aceitos pelos colegas envolvendo "panelinhas", depressão, ansiedade, tristeza, reclamação em relação a tudo, experiências incompatíveis com a idade e frustrações com suas decisões. Ou seja, essa conquista da identidade é um processo lento, gradual e sofrido, porque muitos atropelam a idade biológica, física e emocional, e querem realizar coisas para as quais ainda não têm maturidade e responsabilidade pelas suas consequências.

Os adolescentes precisam de limites. Como motivá-los a cumprir as regras e ter comportamentos mais saudáveis diante dos desafios dessa fase da vida? O que o professor precisa aprender sobre a relação afetiva com o aluno adolescente?

Busque compreendê-lo e mude seu olhar sobre ele. Quanto melhor a relação, maior será a possibilidade de influenciá-lo positivamente; não levar o comportamento do adolescente a ferro e fogo; descubra as necessidades dele; ofereça mais amor, confiança, respeito, atenção do que lições de moral, críticas e palpites; crie uma conexão positiva antes de corrigir; promova reconhecimentos e apreciações; valide seus sentimentos. Mostre empatia, sem julgamentos, pois todos esses elementos influenciarão positivamente na relação professor-aluno e no ensino-aprendizagem; caso contrário, terão um relacionamento conflituoso e desafiador.

A educação modela as almas e recria os corações.
Ela é a alavanca das mudanças sociais.
PAULO FREIRE

Partindo dessa reflexão, percebe-se que a melhor ferramenta do professor é o coração, algo tão salutar no pilar do desenvolvimento do ensino-aprendizagem. É preciso saber lidar com as crises geradas nessa fase – que não é mais criança e que também não é adulto. O professor precisa desenvolver a habilidade de conhecer, enxergar, escutar e sentir as emoções dos alunos, por meio do afeto como uma ferramenta poderosa de transformação.

Palavras afetivas e construtivas como: elogiar cada vez que o aluno realizar tarefas, elogiar a pontualidade na entrega dos trabalhos; a assiduidade nas palavras de afeição, como "você é incrível" e "percebo que você se acha tímido, mas vi que, quando se conecta com alguém, você se abre e a conversa flui". Positivação na presença de outros: fazer comentários positivos diante da turma faz a diferença na relação e no desenvolvimento cognitivo e emocional do adolescente. Todos os adolescentes têm necessidade de ouvir palavras afetivas, pois, em meio à insegurança do luto na transição da infância para a adolescência, as palavras de positividade são muito válidas, poderosas e impactantes.

164 Educação e afeto

Exercício reflexivo

Escreva seu aprendizado a partir desta frase de J.D.N.: "Se você deseja que seu adolescente mude, mude seu olhar sobre ele!".

Como você se sentiu em relação à época de seu amadurecimento?

Fale sobre o legado que ficou da sua adolescência na sua relação afetiva com seu professor.

Quais são as cinco mudanças que pretende fazer na sua prática docente para fortalecer o vínculo afetivo com seus alunos?

Na sua época de adolescente, houve algum momento que você se sentiu completamente desconfortável na relação afetiva com seu professor? Como foi?

Escreva três aprendizados a partir da leitura deste capítulo.

Quais aprendizados essa frase de Paulo Freire traz para você e quais decisões você toma? "A educação modela as almas e recria os corações. Ela é a alavanca das mudanças sociais".

Os grandes mestres são os que procuram entender bem seu tempo. Embora os tempos atuais tragam grandes desafios para a educação, deixo aqui neste capítulo a **afetividade** como uma sugestão para deixar um **legado na relação entre o professor e o aluno adolescente**. Não podemos parar, pois a educação é o amor em movimento. Prossigamos na leitura dos demais capítulos deste livro para transformar nossa missão no mundo!

> [...] o amor cobre todas as transgressões.
> (Prov. 10:12)

Referências

FREIRE, P. *Pedagogia da autonomia: saberes necessários à prática educativa.* São Paulo: Paz e Terra, 1996.

FREIRE, P. *Pedagogia do oprimido.* 50. ed. Rio de Janeiro: Paz e Terra, 2011.

MAHONEY, A. A.; ALMEIDA, L. R. Afetividade e processo ensino-aprendizagem: contribuições de Henri Wallon. *Revista da Psicologia da Educação*, nº 20, 2005.

MASTINE, I.; THOMAS, L.; SITA, M. *Coaching para pais – volume 2: estratégias e ferramentas para promover a harmonia familiar.* São Paulo: Literare Books Internacional, 2018.

NASIO, J.D. *Como agir com um adolescente difícil?* Rio de Janeiro: Zahar, 2011.

PIAGET, J. *Seis estudos de psicologia.* 24. ed. Rio de Janeiro: Forense Universidade, 1999.

TIBA, I. *Adolescentes: quem ama, educa!* São Paulo: Integrar Editora, 2005.

20

VAMOS DESCOBRIR COMO CONSTRUIR AS EMOÇÕES COM AS CRIANÇAS DE 0 A 3 anos?

Trabalhar emoções com as crianças é fundamental para a qualidade de vida dos pequenos e também para as pessoas que estão a sua volta. Quando não sabemos lidar com as emoções das crianças, elas ficam desestabilizadas, o que é bem ruim para a sua saúde mental. Então, convido todos a dialogarem aqui sobre essas questões que nos acompanham no dia a dia com as crianças.

RENATA COTTET

Renata Cottet

Contatos
renatacottet35@gmail.com
Instagram: @Renata Cottet
11 97088 8857

Mestre em Gestão Escolar, psicopedagoga e pedagoga. Professora do ensino superior nas áreas das licenciaturas na universidade e presidente da Instituição APANA, desenvolvendo projetos nos Centros de Educação Infantil para o município de São Paulo. Com experiência de 28 anos na área educacional, dedico o trabalho nos processos de formação de crianças de zero a seis anos.

"Não foi nada ". "Levanta que não machucou". "Está tudo bem". "Não precisa chorar". "Dá um beijinho que passa". Quantas vezes abordamos as crianças com essas frases, tentando conter um ataque de raiva ou sofrimento, fazer parar as lágrimas dos pequenos? Afinal, quem gosta de ver uma criança chorar? Mas essa postura não possibilita a oportunidade de ensinar a criança a lidar com as próprias emoções e, consequentemente, de aprender sobre si mesmo. Reconhecer os sentimentos que nos afligem e encontrar formas saudáveis de expressá-los são a base do processo de construção emocional. Ajudá-los emocionalmente não é uma tarefa fácil e deve ser um esforço em conjunto para criar indivíduos que possam fazer a diferença no futuro. Precisamos entender que os pequenos estão em processo de construção de como lidar com esses sentimentos no seu dia a dia, seja em casa, na escola ou com outras pessoas ao seu redor. E esse processo é algo desafiador. Na primeira infância, os seres humanos constroem suas bases cognitivas, emocionais, motoras, sociais e ética. Ao começar a dizer as primeiras palavras, as crianças ganham mais um meio de expressar o que sentem e começam a se relacionar.

A criança, por volta 15º mês, passa a ter consciência de si mesma. Nesse momento, podemos iniciá-la na brincadeira de faz-de-conta. Quando isso acontece, é sinal de que o cérebro está maduro, pronto para novas emoções, ligadas à ideia de identidade e de ter noção do "eu". Um dos trabalhos mais difíceis que os pais têm em relação aos seus filhos é ter consciência de que se deve desenvolver nos pequenos a autonomia e o entendimento sobre suas emoções, dando a eles uma maior chance de sucesso quando estiverem na vida adulta. Se você está no meio de mais pessoas e aponta para a criança, ela vai ficar constrangida, mesmo que o comentário seja positivo em relação a ela. Muitas vezes, a criança entra debaixo das nossas pernas quando chega alguém desconhecido. Esse sentimento é o constrangimento, que acontece quando percebe que é o centro da atenção de outras pessoas. Outro momento é quando ela fica quieta vendo outro bebê chorar; sim, ela é capaz de perceber a sua tristeza e se solidariza querendo saber por que o outro chora. Esse sentimento é a empatia, a capacidade de se colocar no lugar do outro. Outra situação é quando a emoção está ligada à ideia do eu que não é tão positiva: é a inveja, quando a criança já sabe que nem tudo é dela, mas assim mesmo quer.

Segundo Wallon (1979), é nos anos iniciais que a criança, a partir da relação com o outro, através do vínculo afetivo, começa a ter acesso ao mundo simbólico e conquistar avanços no âmbito cognitivo.

Demonstrando afetividade

Podemos dizer que a afetividade seria a disposição do ser humano de ser afetado pelo mundo externo e interno, por meio de sensações através das emoções? Seria uma bela reflexão, não acham? Trabalhar as emoções com as crianças é essencial, para a qualidade de vida delas e também para as pessoas que estão ao seu redor, promovendo uma estrutura baseada em experiências do dia a dia. As emoções consideradas negativas, como raiva, medo, ciúme e a própria tristeza, parecem não ter espaço em um mundo onde as pessoas não podem desperdiçar o tempo. Além disso, a questão de gênero, naturalmente, coloca-se em alguns padrões sobre como meninos e meninas devem lidar com seus sentimentos. Enquanto os meninos são encorajados a reagir com a agressividade; as meninas são incentivadas ao choro e à melancolia, mas sem reação. Pois é, isso começa cedo.

Uma pesquisa publicada no periódico Behavioral Neuroscience, da Associação Americana de Psicologia[1], constatou que pais de meninas respondem mais às demandas emocionais das filhas, quando elas choram ou chamam por eles, do que os pais de meninos. Inevitavelmente, porque há uma tolerância maior aos sentimentos das pequenas. Afinal, nossa sociedade ainda acredita que "a menina é o sexo mais frágil". É fato que sentimentos não saudáveis fazem parte da condição humana, mas é a forma como os gerenciamos, em momentos de desafios e de estresse, que nos tornam emocionalmente inteligentes, independentemente do sexo. O gerenciamento e a expressão de sentimentos não são simples, são gradativos e requerem tempo. Precisa existir espaço para isso. A escola oferece situações e experimentações de momentos

---

1 *Behavioral Neuroscience*, da Associação Americana de Psicologia, é uma revista bimestral, revisada por pares, que publica artigos de pesquisa no amplo campo das bases neurais do comportamento.

para aprender a lidar com as emoções, que são fundamentais para ambos. Muitas pessoas acreditam que a afetividade é a ação de abraçar e beijar.

No que diz respeito a contatos físicos, o limite é em relação ao respeito e à abertura que elas dão ao professor ou não. "Há crianças que são mais afetivas, chegam na escola e já correm para abraçar o professor. Outras não gostam disso, ficam bravas e até esfregam o rosto depois de receber um beijo. É preciso observar e respeitar cada comportamento e criar diferentes modos de demonstrar que se importa com cada um", diz Tágides Mello[2]. Ao ter essa percepção sobre as emoções, podemos tomar decisões mais saudáveis e conscientes, sem agir por impulso.

Os vínculos afetivos ampliam-se na escola e o professor constrói junto com a criança a identificação desse processo no dia a dia. Ainda que exista uma base afetiva permeando as relações no espaço escolar, toda aprendizagem está ancorada na afetividade; ela não acontece somente no cognitivo.

Não há aprendizado sem afetividade

Construir a afetividade de 0 a 3 anos é superimportante, pois ela se mistura ao processo de ensino e aprendizagem. As interações de confiança entre a criança e o mundo estão diretamente ligadas ao sucesso das relações construídas com conhecimento, nos processos vividos e experimentados, tendo assim essas parcerias construídas a todo o momento com tudo e com todos a sua volta.

O ambiente escolar, como um espaço de diversidade e de processos sociais, acaba proporcionando experimentações aos pequenos, dando-lhes a oportunidade de se aproximarem de situações do cotidiano de forma lúdica. O que não podemos esquecer é que a escola não é o maior espaço nem mesmo responsável sozinha pela construção dos processos emocionais junto à criança; ela é apenas um dos locais de conhecimento que a aprendizagem acontece.

Para algumas crianças, estar 12 horas por dia na escola e ficar todo esse tempo sem receber um abraço não é nada bom. Os abraços são representações de afeto que podem acontecer a qualquer momento, dentro da escola e fora dela. Porém, as famílias não podem atribuir essas manifestações de carinho somente para a escola. A escola pode proporcionar momentos, como a roda de conversa no início da aula, e ouvir com atenção o que as crianças contam que fizeram em casa, sentar ao lado delas enquanto desenham e perguntar a

---

2 Renata de Mello Morais Tágides possui graduação em pedagogia, especialização em psicopedagogia clínica e educacional e didática e metodologia do ensino superior, é professora titular do Centro Universitário de São Roque (UNISÃOROQUE) e mestra em educação pela Universidade de Sorocaba.

respeito, contar uma história enquanto troca a fralda, acompanhar as brincadeiras e observar o que estão falando entre si.

Todas essas ações são maneiras pelas quais o professor pode demonstrar carinho, atenção e cuidado por sua turma. O contato afetivo com a criança não tem momento certo. Deve acontecer durante toda a rotina, em todos os momentos, na observação, na atenção dada ao que a criança diz e no respondê-la bem, sempre. Uma criança que desde pequena é ouvida, observada e valorizada vai ser mais autônoma, crítica e segura.

Segundo Mello (2007), "a criança não é um ser incapaz, frágil e dependente absoluto da atenção do adulto para dirigir sua atividade. Ao contrário, [...] é, desde muito pequena, capaz de explorar os espaços e os objetos que encontra ao seu redor, de estabelecer relações com as pessoas, de elaborar explicações sobre os fatos e fenômenos que vivencia. É importante lembrar que por mais que o vínculo afetivo entre educadores e educandos seja essencial, ele deve estar centrado na aprendizagem. "A criança precisa entender que estar com seu professor não é como estar com sua mãe, seu pai, irmãos, tios", afirma Maria Cristina Mantovani[3]. Segundo ela, o elo precisa ser desenvolvido entre eles. "O professor respeita a criança, leva desafios adequados para sua faixa etária, não impõe disciplina pelo medo, proporciona momentos agradáveis na escola e ensina coisas interessantes", diz.

Em muitos momentos do dia a dia na escola percebemos que alguns pais não gostam dessa proximidade entre seu filho e o professor. Porém, sabemos que, às vezes, bate aquela insegurança de reafirmar os sentimentos com a família; e quando um outro elemento começa a fazer parte do ciclo da criança, a disputa se torna real. Precisamos ter em mente que os sentimentos e admirações acontecem em contextos diferentes. Algumas famílias têm modos distintos de expressar sentimentos e essa questão também deve ser levada em conta pela escola.

As relações acontecem com os profissionais da escola, mas também entre as crianças. Quem tem, ou ao menos se lembra com carinho, de um amigo de infância? As relações construídas na escola ajudam a criança a se desenvolver emocional, social e até mesmo intelectualmente, uma vez que as crianças também podem ensinar muito umas às outras, além de se sentirem seguras e gostarem de frequentar a escola.

---

3 Maria Cristina Mantovanini é psicanalista e doutora em Psicologia da Educação pela Universidade de São Paulo e membra associada da Sociedade Brasileira de Psicanálise de São Paulo.

Separamos algumas ações para tornar esse processo mais positivo ao trabalhar com as emoções:

1. Identificação: a primeira tarefa é ajudar seu filho a reconhecer o que está sentindo. É preciso identificar qual é a emoção que está causando as sensações que o incomodam, para saber como lidar.

2. Expressão: uma vez que a criança consegue dar um nome ao que sente, é hora de ajudá-la a encontrar ferramentas para manifestar essa emoção de forma saudável.

3. Controle: sabendo qual é o sentimento que tomou conta de si e tendo à mão recursos para manifestá-lo de forma saudável, a criança deixa de reagir tomada por impulso e assume as rédeas de seu comportamento.

4. Conversa: converse bastante; tenha um diálogo aberto com a criança, na altura dela, e explique o que ela vai enfrentar caso demonstre insegurança. Tenha paciência! Mostre que é normal sentir medo.

5. Sentir: trabalhar as suas expectativas e angústias de acordo com o estado emocional do pequeno. Ou seja, é muito importante que a família/escola converse a respeito das emoções para que a criança esteja preparada física e psicologicamente.

Quando não conseguimos lidar com nossos sentimentos, tudo se torna instável e prejudica a nossa saúde mental, em especial a relação com os mais próximos. Assim, devemos construir e identificar as emoções através das pessoas mais próximas e de nossa confiança. A participação da família e a presença da escola ajudam no processo, no comportamento, na socialização, no respeito e na autoestima desse pequeno ser em construção. O afeto e o amor são os princípios para uma boa integração social e ótimos ingredientes para aprendizagem. Além disso, temos que nos preocupar com a participação e a formação das crianças para que elas sejam críticas, solidárias, atuantes, criativas e felizes, de modo que os vínculos afetivos promovam pontos positivos no processo de aprendizagem e socialização.

Ajudar as crianças a lidar com aquilo que sentem

A minha maior satisfação é quando trabalhamos com as crianças e observamos o quanto elas amadurecem com as propostas. Motivá-las a falar tanto de suas emoções negativas quanto positivas é algo surpreendente. Porém, os pequenos só se sentirão movidos a falar caso nosso comportamento seja aberto e sem julgamentos. Do contrário, estaremos abrindo uma brecha para que eles percam a confiança em nós e se fechem em seu mundo. A melhor maneira de ensinar sobre as emoções para as crianças é no dia a dia, em meio à rotina. Desde bem pequenos, podemos ter essas conversas, explicando que determinado choro é medo ou dor. Um outro ponto relevante é, enquanto adultos, praticarmos a honestidade emocional, dizendo para as crianças como nos sentimos. Em alguma situação em que estivermos irritados, podemos dizer "não estou bem agora, filho. Estou irritada. Preciso de um tempo". Essas atitudes ajudam os pequenos e os ensinam a identificar e a respeitar as emoções alheias. É claro que deve haver um certo cuidado para não explodir com a criança e transferir a ela a responsabilidade pelo que estamos sentindo – afinal, os adultos somos nós.

Fico à disposição para dialogarmos mais sobre nossas crianças e trabalharmos suas emoções, pois não há nada de errado nisso. Muito pelo contrário, as emoções não devem ser reprimidas e, sim, vivenciadas. Até breve!

Referências

MELLO, S. A. *Infância e humanização: algumas considerações na perspectiva histórico-cultural*. Florianópolis: Perspectiva, 2007.

WALLON, H. *Psicologia e educação da criança*. Lisboa: Editorial Vega, 1979.

21

AUTOCONHECIMENTO
ITINERÁRIO IMPRESCINDÍVEL AO OLHAR AFETIVO DO COORDENADOR PEDAGÓGICO

Neste capítulo, irei discorrer sobre um itinerário factível de ser percorrido por você, coordenador pedagógico, que ainda não acessou a sabedoria de conhecer-se. Acasular é decisivo para o sentir e o olhar afetivo tão essencial em qualquer contexto em que haja uma relação humana. Ao deleitar-se nas próximas linhas, você terá a possibilidade de se convencer de que a transformação é algo belo e interno. Opte por sua mudança, o tempo urge por essa decisão.

RENATA OLIVEIRA

Renata Oliveira

Contatos
renataapoliveira.pt@gmail.com
Instagram: @renata.oliveirapt
32 98413 7145

Formada em Pedagogia há 13 anos, atua na área da educação como coordenadora pedagógica. Pós-graduada em Inspeção Escolar e Psicopedagogia Clínica e Institucional e *coach* educacional pela DNA Neuroeducação e Coaching.

Acolhendo minha identidade emocional

A identidade emocional é um mapa dos desejos e sentimentos mais profundos do indivíduo. Ela explica por que você reage de determinada maneira, seja positivamente, seja negativamente, às pessoas e aos acontecimentos da sua vida.
WOODY WOODWARD

Sou Renata Aparecida de Oliveira, esposa e mãe. Cresci em uma cidade no interior de Minas Gerais chamada Pedro Teixeira. Tecer sobre afeto constitui uma grande provocação, pois aflora muitos sentimentos da minha criança interior ferida e traz luz à minha grande dificuldade: o distanciamento afetivo.

Ao assumir a coordenação pedagógica na Escola Municipal Sebastião de Paula em 2009, adentrei a instituição de mãos dadas com a minha criança interior ferida. E de forma inconsciente comecei a revelar-me aos professores de uma maneira contrária à verdadeira essência com a qual Deus me modelou. Aos poucos, fui apresentando-me como profissional comprometida, prudente, ávida por conhecimento, exigente e perfeccionista. Esboçava um sorriso tímido, era de poucos ou nenhum elogio, refutava o abraço e acreditava que transparecer afeto era sinônimo de vulnerabilidade.

Constantemente me posicionava com critérios exagerados, julgando que todos deveriam ser eficientes, produtivos e assertivos no fazer pedagógico. Aos poucos, fui me revelando em fragmentos de intolerância ao erro, ao fracasso e ao descompromisso profissional. Rejeitava a ideia de que os professores careciam de afeto e, então, rotulava. Sentia-me culpada e frustrada, pois acreditava que era responsável por modificar a personalidade de todos. E, assim, permaneci, por uma década, afogada em cobranças excessivas comigo mesma, com medo de errar, sentindo-me incapaz de lidar com situações adversas, críticas e *feedbacks* ruins.

Foi em março de 2019, no início da pandemia da covid-19 que, reconhecendo-me lagarta, decidi entregar-me à clausura do casulo e enfrentar todas as dores das feridas da infância. O que me motivou? Uma pergunta poderosa: como posso acolher o outro se não consigo acolher a mim mesma? Esse questionamento marcou uma busca incessante por autoconhecimento, fortalecimento da gestão emocional e desejo de que, ao transformar-me na versão mais valiosa e bela de mim mesma, pudesse "sentir" o outro com veracidade.

Durante essa jornada, participei de cursos voltados para o autoconhecimento e fiz a leitura de vários livros sobre o assunto. Ao conhecer sobre a minha personalidade e adentrar camadas profundas de mim mesma, fui ressurgindo com mais leveza. Aprendi a identificar e sentir as emoções dos professores, alunos e pais. Coloquei-me mais disponível para ouvir e acolher as necessidades docentes. Aprendi a validar, elogiar e apontar com amorosidade o que precisava ser melhorado na atuação de cada um.

O autoconhecimento presenteou-me com a paz interior, a qual foi me trazendo calma para encorajar, acolher e buscar estratégias para lidar com personalidades tão diversas. Devagarinho fui criando uma fresta no casulo e, hoje, já posso respirar o ar que vem do lado de fora, o qual contempla minha nova versão. Ao deixar para trás as crenças que me limitavam, saí do modo automático, anseio por voar e fazer do meu acolhimento um ato de afeto com o outro e comigo mesma.

E para não perder o *mineirês*, posso afirmar que aprumei o corpo para trilhar esse caminho custoso. Mas, nessa peleja, ganhei um *cadim* de coragem, arredei o orgulho e gostei desse *trem* de sentir pouco com a mente e muito com o coração.

Acessando o sentir para cuidar do professor

> *Quando assumimos a responsabilidade por nossa criança interior*
> *e assumimos o controle de tudo o que sabemos e sentimos sobre ela,*
> *então podemos começar o processo de transformação e mudança.*
> YVONNE LABORBA

Retornar à minha infância e fazer o mapeamento das minhas necessidades não atendidas, das emoções reprimidas e identificar a maneira como eu me senti em relação a tudo que vivi foi um processo doloroso de cura. A partir dessa transformação, pude estabelecer uma relação empática e compreender o outro com base em suas vivências, e não das minhas. A partir dessa mudança, encontrei um baú de afetos dentro de mim. Um tesouro tão magnífico que não conseguia perceber antes de entrar no casulo.

Acessar esse baú de afetos trouxe sentimento ao meu olhar. Com muita clareza, fui percebendo que o afeto sempre esteve presente quando planejava e executava a formação de professores com qualidade, zelando para que recebessem o melhor conteúdo, mediante a melhor didática. Ao ler livros, participar de cursos e realizar pesquisas, cuidava para que o professor fosse envolvido em uma ambiência de troca, crescimento e confiança. Ao selecionar cuidadosamente obras de literatura infantojuvenil para o momento de leitura, proporcionava não só apreciação literária, mas acolhimento emocional. O afeto estava bem ali, no cuidado intencional para não sobrecarregar o docente com tarefas e burocracias desnecessárias, em devolutivas respeitosas e no incentivo para que cada um fosse sua melhor versão na sala de aula.

Quando acessei essa nova percepção, notei que cuidar de mim mesma, ou seja, cuidar das minhas feridas emocionais, fortaleceu-me para encarar medos, crenças limitantes e o bloqueio com o sentir. Com isso, as portas foram se abrindo para acolher, com afetividade, cada professor. Dessa forma, comecei a zelar para que o autoconhecimento estivesse presente nos momentos de formação e se tornasse acessível ao professor. Dei mais ênfase ao ouvir e percebi que o educador, além de discutir suas dúvidas metodológicas e pedagógicas, também precisava falar sobre seus medos, valores, descontroles, preocupações, culpas, ansiedade, raiva e solidão.

Aos poucos, concluí que oferecer uma educação de qualidade só seria possível com um professor conhecedor de seus pontos fortes e suas fraquezas; que, ao sentir-se seguro e acolhido pelo coordenador pedagógico, também transferia a mesma segurança e acolhimento para o aluno. Era preciso ouvir para falar de maneira assertiva e amorosa. Sim, era necessário ouvir para embarcar nas particularidades de cada docente e compreender a legitimidade de suas dores. E só é possível tocar a dor do outro "sentindo com", cuidando e respeitando o que cada um carrega dentro de si.

Não está sendo uma metamorfose fácil mas, ao reconhecer-me lagarta, tomei consciência de que o sentir deveria começar em mim. Essa foi a chave que me deu acesso à consciência de que é urgente cuidar do bem-estar emocional do professor. A formação técnica é essencial, mas não se deve abdicar da formação humana.

Renata Oliveira

Acolher a família e o aluno: um ato de afeto e coragem

Nota-se que a escola pública sempre aspirou uma família participativa, harmoniosa e gentil. Ao sonhar com a família ideal, o professor projeta uma visão de aluno disciplinado, bem cuidado, autônomo e ávido por aprender. Porém, ao atuar na sala de aula, internaliza um sentimento de frustração, impotência e desânimo, pois o aluno ideal não existe e muito menos a família perfeita. Sendo assim, no chão da sala de aula, constata-se que executar o planejamento requer atenção direcionada a inúmeras particularidades, as quais dificultam o processo de aprendizagem.

Lidar com essas particularidades requer considerar alguns entraves na sua prática pedagógica, tais como: a indisciplina, a falta de higiene e alimentação, o abandono, a violência física e psicológica, a rejeição e a falta de cuidado em relação à saúde emocional e mental da criança. Ao interagir com tais situações, o docente acaba envolvendo-se afetivamente e, em muitos casos, há a desestima oriunda da forma como o profissional consegue enxergar o aluno.

Nessa conjuntura entra o olhar ponderado do coordenador pedagógico como mediador. Considerar que aluno/professor/família formam uma tríade interdependente é fundamental, mas avaliar a circunstância e extrair a essência do comportamento de cada um faz que venha à tona a certeza de que todos estão tentando fazer o melhor com os recursos que têm naquele determinado momento. Isso porque os três estão revestidos de sua história de vida, padrões sociais e culturais, cicatrizes emocionais e muitas necessidades não atendidas.

O autoconhecimento trouxe-me essa maturidade no olhar. À medida que fui me despindo de minhas crenças limitantes, comecei a me libertar de muitos julgamentos e sentenças. Entendi que não havia melhor ou pior, mas indivíduos que precisavam se relacionar da maneira mais harmoniosa possível. Essa visão, além de humana, é libertadora. Mudar o modo de pensar e sentir fez florescer em mim uma mente aberta capaz de examinar e validar diferentes pontos de vista.

Acolher o ponto de vista do professor, da família e do aluno faz que se sintam pertencentes à escola. É um ato de generosidade que torna o ambiente escolar mais saudável e aprazível.

> Fica sempre um pouco de perfume
> nas mãos que oferecem rosas
> nas mãos que sabem ser generosas
> (Trecho da música *Um pouco de perfume* de Judith Villela)

Meu maior desejo é que minha essência exale aconchego, calmaria e segurança. Que, ao estar com o outro, eu seja capaz de vê-lo e ouvi-lo com coerência, empatia e respeito. Se estou pronta para sair do casulo? Não, ainda estou vivendo o processo. Sigo ansiosa por tornar-me borboleta e profundamente grata a Deus por ter me apresentado o casulo. Ao conduzir-me nessa jornada de autoconhecimento, Ele me fez transbordar o mais puro ato de afeto: a aprendizagem sobre mim mesma.

A afetividade como facilitadora da aprendizagem

No âmago do processo de ensino-aprendizagem está a díade professor-aluno. Atualmente, inúmeras pesquisas comprovam a relação entre emoções positivas e cognição. Dessa forma, pode-se dizer que um ambiente afetivo favorável é fundamental para a aprendizagem. O relacionar está diretamente ligado ao nutrir o outro de algo; no caso, afeto. Porém, o professor pode não estar preparado para alentar o aluno com algo que ele não tem ou não despertou em si mesmo, pois o desempenho desse profissional na sala de aula está diretamente ligado à sua personalidade, a qual pode constituir-se num entrave à sensibilidade emocional, à escuta ativa e ao cuidar.

Para que a personalidade do professor não dificulte a aprendizagem, é necessário que seja proporcionada a oportunidade de investigação individual e identificação do que precisa ser melhorado para propiciar um ambiente agradável de aprendizagem. Um clima emocional negativo pode ser gerado automaticamente se não for apresentada ao docente a possibilidade de autoconhecimento. Ele dificilmente irá adquirir autoconsciência e autorresponsabilidade sobre a inibição do aprender. Com uma visão ampliada sobre si mesmo, o professor adquire a sublime habilidade de enxergar os alunos para além das funções cognitivas. O diagrama a seguir ilustra bem a importância do autoconhecimento na escola:

Enfim, se houver uma combinação de afeto e aprendizagem, haverá leveza, alegria, paciência, liberdade e respeito. Quando o professor estiver apto para nutrir o aluno com afeto, haverá um recomeço, um voo leve e um pouso sutil. Com esse vínculo estabelecido, o conhecimento começa a ser absorvido por meio de uma linguagem amorosa. É preciso amor para deleitar o sabor do encontro. E vivê-lo requer que o professor acredite que é capaz de compor a sua jornada florindo não só o seu coração e o do educando, mas de toda uma sociedade que ainda acredita no valor da educação.

Conte comigo na sua jornada de autoconhecimento!

Referências

ALMEIDA, L. R.; PLACO, V. M. N. S. *O coordenador pedagógico e o espaço de mudança.* São Paulo: Edições Loyola, 2021.

PLACO, V. M. N. S.; ALMEIDA, L. R. *O coordenador pedagógico e o cotidiano da escola.* São Paulo: Edições Loyola, 2021.

PLACO, V. M. N. S.; ALMEIDA, L. R. *O coordenador pedagógico e os desafios pós-pandemia.* São Paulo: Edições Loyola, 2021.

22

TEMPO DE EDUCAR

Filhos são uma opção pessoal, e escolhermos tê-los envolve muitas mudanças em nossas vidas. Este capítulo tem a intenção de oportunizar reflexões sobre o respeito ao processo de desenvolvimento infantil. Ao educar uma criança, devemos ter um olhar mais afetivo, atento às fases do desenvolvimento, à criação de rotinas e estratégias, além de uma escuta ativa e plena.

ROMILDA DE AVILA PEREIRA ALMEIDA

Romilda de Avila Pereira Almeida CRP 07/17090

Contatos
pereira_romilda@yahoo.com.br
51 99635 2874

Mãe do Luís Otávio e da Maria Luiza, que realizaram meu sonho de ser mãe de gêmeos. Casada com Marcelo Almeida, companheiro para todos os momentos. Psicóloga clínica atuando no atendimento de crianças, adolescentes, adultos e orientação de famílias. Especialista em Educação Inclusiva, pós-graduanda em Terapia Cognitivo-comportamental na Infância e Adolescência e especializando-se em Orientação Familiar e Educação Parental.

A importância do respeito no desenvolvimento da criança para uma educação mais afetiva

Outro dia, no centro da cidade, parei o carro um pouco antes de uma faixa de segurança para respeitar algumas pessoas que queriam atravessar a rua e fiquei observando uma mulher que andava de mãos dadas com uma criança que deveria ter entre três e quatro anos. A mulher, que imaginei ser a mãe, caminhava rapidamente sem se dar conta do quanto aquela menina precisava apressar seus pequenos passinhos para acompanhá-la. Parada, olhando aquela cena, muitos pensamentos sobre a importância de respeitar o tempo de desenvolvimento da criança vieram à minha mente.

Muitas pessoas acreditam estarem prontas para educar e dar afeto a uma criança, mas a decisão de ter um filho vai muito além do ato de conceber e trazer ao mundo uma nova vida. Envolve o compromisso de sermos responsáveis pelo desenvolvimento daquele novo ser ao longo dos próximos vinte ou trinta anos, ao menos se analisarmos a maneira como têm funcionado as famílias nos dias atuais.

Aqueles que resolvem trazer uma criança para suas vidas precisam se preparar para profundas transformações. Arrisco-me a dizer que, ao planejar uma gestação ou adoção, mesmo que sutis, mudanças já começam a ocorrer. O tempo ganha nova proporção, a rotina é completamente alterada e isso requer muita atenção e disciplina por parte dos pais e familiares. Caminha (2020) fala que "filhos transformam corpos; mais do que isso: transformam mentes, conceitos, valores e prioridades". Apesar disso, mesmo havendo muita disponibilidade afetiva ao recém-chegado, é importante ajustar o tempo para que todos os membros da família continuem sendo "lembrados" e acolhidos.

As crianças e adultos possuem jeitos diferentes de aprender. Os adultos, por possuírem inúmeras vivências, apesar de aprenderem "fazendo", ainda conseguem realizar diversas correlações e interpretações das mais variadas situações. Já as crianças, apesar de também aprenderem fazendo, terão seu maior aprendizado acontecendo em decorrência de exemplos, uma vez que possuem mentes em desenvolvimento e com pouca experiência para associações.

Devido a essa especificidade, é necessário aos pais buscarem conhecimento sobre as diferentes fases do desenvolvimento infantil, compreendendo melhor o que acontece em cada uma delas. Essa estratégia, por diminuir a ansiedade e melhorar o nível de entendimento dos pais, provavelmente, fará que seja aumentada a assertividade no processo de aprendizagem e desenvolvimento da criança.

Por último, apesar de ser necessário estarmos preparados para respeitar o tempo de cada criança, também precisamos estar abertos para a busca de orientação profissional sempre que o tempo exceder o limite previsto para cada fase de desenvolvimento. Nosso compromisso é o de proporcionar disponibilidade afetiva, paciência, flexibilidade, respeito e o olhar individualizado à necessidade da criança, entre tantas outras habilidades que vamos precisar desenvolver ao longo dessa caminhada.

A rotina no desenvolvimento inicial

Quando uma criança nasce, duas situações podem ser esperadas: primeiro que ela precisa aprender sobre o mundo em que acaba de chegar; segundo que ela tem desejos e necessidades que precisarão ser atendidas. No começo, por não saber se comunicar tão bem e por não ter a experiência que lhes fale sobre o que está por vir, a criança expressa rapidamente toda a sua angústia através do choro. Passado algum tempo, entretanto, com os pais sabendo se comportar melhor diante de cada situação, mais rapidamente os bebês têm seus anseios atendidos e aprendem a ter respostas mais brandas, substituindo os choros vigorosos por resmungos de advertência. Nesse caso, conversar com o bebê como se estivesse traduzindo uma língua estrangeira: "Ah, então você está com fome?" ou "Está cansado? Então, vamos lá fazer um soninho!" pode ajudar, pouco a pouco, a fazer que ele reconheça e aprenda a nomear o que está acontecendo consigo mesmo.

Outra coisa muito importante na vida de um recém-nascido é o estabelecimento de uma rotina. A rotina proporcionará maior facilidade e benefícios para a saúde de toda a família a médio e longo prazo. Aquele bebezinho lindo e tão esperado pela família, se não for orientado sobre o mundo que o cerca e tiver um hábito criado, certamente colocará a paciência dos novos papais à prova por meio de choros e grande inquietação, inclusive levando-os ao completo esgotamento emocional devido às inúmeras noites maldormidas.

Quando me tornei mãe, passei por uma situação bastante delicada e ao mesmo tempo muito interessante. Certo dia, grávida de gêmeos e muito feliz com os preparativos para o meu casamento que ocorreria no dia seguinte, deparei-me com o grande susto de romper uma das bolsas gestacionais e ter que realizar uma cesariana com 27 semanas. No dia seguinte, em horário aproximado ao qual me casaria, meus filhos estavam nascendo, com uma diferença de apenas três minutos um do outro e com pesos somados de menos de dois quilos e quinhentos gramas.

Passada a tensão e medos vividos naquelas últimas vinte e quatro horas, eu ainda não sabia, mas meus bebês precisariam enfrentar longos 60 dias de internação na UTI neonatal de um hospital, rodeados de perigos para seres tão frágeis, recém-chegados ao mundo. E falo em longos dias porque só uma mãe sabe a dor de não poder levar para casa seus filhos recém-nascidos, ainda mais com o agravante de sequer poder segurá-los no colo. Pensamentos ruins inevitavelmente flertam com você nessas horas, mas graças ao bom Pai e aos maravilhosos profissionais que lá trabalhavam, os dias foram se passando, meus filhos com muita saúde foram crescendo e se aproximando, cada vez mais, do tão sonhado dia da alta hospitalar.

O tempo de UTI neonatal, entretanto, me chamou a atenção para algumas coisas: a dedicação dos profissionais e a rotina que seguiam. Além da proteção e cuidado com os meus filhos e todos os outros bebês que lá se encontravam na época, lembro-me de que os médicos e enfermeiros também nos orienta-vam justamente sobre essas regras e a importância da manutenção daquela rotina como forma de não desorganizar a vida dos bebês mais tarde, quando saíssem do hospital. Dias mais tarde, já em casa e seguindo as orientações passadas, pude ver que aquelas regrinhas valiam ouro. Mantido cada horário de alimentação, banho e outras tarefas, posso dizer que não enfrentamos maiores apuros. Por já conhecerem a rotina vivida nos últimos 60 dias, meus filhos mantinham-se muito tranquilos.

O relato acima buscou chamar a atenção para a necessidade de percebermos que somos nós, adultos, que devemos nos adaptar às crianças, criando um mundo em que elas possam ser inseridas. Esse ambiente de organização bem estabelecida contribuirá para a diminuição da ansiedade de toda a família. Segundo Fava (2018), "pais assertivos mantêm uma ordem lógica e saudável que ajuda o filho a 'saber' o que ele pode esperar, e pode contribuir para a prevenção das expectativas irrealistas e a intolerância à frustração".

Uma consideração a ser feita, no entanto, é que as rotinas devem ser adaptadas à faixa etária da criança. Com o passar do tempo, não podemos seguir com a mesma rotina de outrora. Precisamos evoluir o ambiente e o processo de educação em que nossos filhos estão inseridos, de maneira a permitir que eles evoluam também.

Respeito ao desenvolvimento

É muito comum criarmos expectativas em relação ao desenvolvimento e à evolução das crianças, mas para tudo haverá o tempo adequado. Não podemos forçar que uma criança caminhe, fale ou execute qualquer tarefa antes do seu amadurecimento, sob o risco de comprometermos o seu desenvolvimento motor, cognitivo e comportamental futuro.

Os primeiros passos de um bebê, por exemplo, não ocorrem após a ordem dos seus pais: "Agora fique de pé e caminhe!". Ele precisa estar pronto. O processo leva alguns meses, passando pelo momento de se arrastar, engatinhar, levantar, até dar os primeiros passinhos. Depois, atingida a maturidade necessária, o bebê atingirá maior independência e rápido desenvolvimento devido ao maior potencial exploratório dessa nova fase. Nesse momento, cabe aos pais acompanhar e permitir toda essa descoberta, porém sem forçar os limites da criança.

O exemplo acima é sobre uma situação específica, mas para todas as outras o raciocínio deverá ser replicado. Lembram-se da história da menina com rápidos passinhos? Devemos sempre respeitar o desenvolvimento da criança de acordo com a sua faixa etária. As atividades devem ser introduzidas aos poucos, permitindo que a criança se torne mais confiante e tenha sua habilidade aumentada a cada nova experiência. O ato de vestir-se, que para um adulto é muito simples, para uma criança é algo muito difícil no início. Logo, as muitas habilidades necessárias para esse ato somente serão desenvolvidas após inúmeras repetições, muitas vezes levando horas para isso. Assim, um grande desafio para os adultos nesse momento é organizar sua rotina a fim de disponibilizar o tempo necessário para que a criança desenvolva suas tarefas de modo independente, mesmo que supervisionada.

Devemos ter o cuidado de programar cada momento do dia para que possamos dar tempo para as crianças iniciarem e terminarem suas tarefas, o que é caracterizado pelo treinamento das novas habilidades. A ausência de programação nessas horas muitas vezes leva à falta de paciência para esperar que a criança conclua sua atividade; e isso nos leva, erroneamente, a tomarmos o controle da situação. Nesse caso, além de fazermos com que a criança demore mais tempo para se desenvolver, ainda podemos transmitir a mensagem subliminar de que a criança não é capaz. Aos pais, portanto, muita paciência e afeto para educar, pois nosso ritmo frenético e muitas vezes desordenado com certeza influenciará no aprendizado de nossos filhos.

Outra coisa muito importante é fazermos combinações. Principalmente, quando a criança cresce um pouco mais, essa estratégia pode ser decisiva para vencer de forma não traumática os possíveis atos de resistência. Você pode chegar e dizer: "Vamos combinar o dia de hoje?". Esse momento em que você explica para a criança de forma detalhada como irá proceder certamente contribui para a diminuição da resistência posterior. É diferente de você estar apressada, chegar em meio a uma atividade em que a criança está muito entretida e, ainda, ter que lidar com uma situação de "birra" por não ter combinado previamente. Nessa situação, normalmente o que se consegue são crianças muito resistentes, pais sentindo-se desafiados e bravos, além de uma situação embaraçosa para quem assiste. Assim, é muito mais fácil quando existe uma combinação prévia, inclusive sendo interessante lembrar a criança sobre esse combinado uns minutinhos antes para que ela relembre o acordado: "daqui a cinco minutinhos vai ser a hora do banho!" ou "quando terminar o desenho já vai ser hora de dormir!".

A importância da atenção e escuta verdadeira

Estamos preparados para praticar a atenção e a escuta verdadeiras? No processo de aprendizagem da criança é muito importante que ela se sinta valorizada e que pratiquemos a atenção e escuta plenas.

Certo dia, enquanto atendia a um pai em meu consultório, ele me falou que não brincava com seu filho porque este ainda era muito novo e não conseguia fazer nenhuma das atividades preferidas dele. Vejamos bem, a educação, o respeito e a dedicação ao filho somente se iniciarão quando ele crescer? Assim como aquela mãe que eu observava do carro caminhando com sua filha apressadamente pela rua, por vezes precisamos nos dar conta de que é necessário uma desaceleração para que nossos filhos nos acompanhem. Esse ato é o ponto de atenção que devemos ter no dia a dia da criação dos nossos filhos.

E a escuta da criança? Ah! Essa parte é fácil! Será que escutamos a criança de verdade? Acreditamos que sim, mas quantas vezes já interrompemos uma criança por não ter tido a paciência de escutá-la até o final? As crianças levam mais tempo do que nós para elaborar uma frase e, se invadirmos o espaço delas, além de atrapalhar o seu raciocínio e fala, ainda poderemos distorcer a ideia inicial com julgamentos que somente nossa concepção de adulto é capaz de fazer. Nesse momento, não podemos esquecer que as crianças possuem algo lindo e genuíno que só mais tarde será perdido: a pureza e a falta de maldade em suas falas.

Sendo assim, a arte de educar exige muito amor, respeito e dedicação. As brincadeiras são sérias para a criança e é nesse momento que temos a oportunidade de internalizar regras, ensinar sobre o cotidiano e praticar a atenção e a escuta verdadeiras de maneira muito mais leve. Devemos procurar por brincadeiras que elas sejam capazes de entender, estimulando-as dentro do limite da sua faixa etária, inclusive observando se há necessidade de um auxílio profissional, pois crianças bem amparadas e assistidas se desenvolverão de maneira mais saudável.

Referências

CAMINHA, R. *Filhos: ter ou não ter? Eis a questão!* São Paulo: Literare Books International, 2020.

FAVA, D.; ROSA, M.; OLIVA, A. D. *Orientação para pais: o que é preciso saber para cuidar dos filhos.* Belo Horizonte: Artesã, 2018.

23

AFETIVIDADE
SUAS INTERAÇÕES
E SUAS IMPLICAÇÕES NA
EDUCAÇÃO VIRTUAL

O objetivo deste capítulo é oferecer uma exposição que ajude professores e pais a refletir não sobre como voltar à velha normalidade após a covid-19 e, sim, como assimilar o que foi aprendido e preparar-se para o futuro de maneira afetiva e efetiva. O texto pontua como captar o interesse dos estudantes e trabalhar as emoções na aula virtual. Esperamos que ajude na sua reflexão e seja de utilidade no seu dia a dia.

WALDYANE ZANCA COUTINHO

Waldyane Zanca Coutinho

Contatos
waldyanezanca@gmail.com
Instagram: @walzancacoachmentora
71 99961 2050

Waldyane Zanca Coutinho tem formação internacional em *Coaching* Integral Sistêmico pela Febracis, em parceria com a Florida Christian University e Parent Coaching Brasil. É especialista em Performance Familiar, em *Coaching* Escolar e é analista comportamental. Pós-graduanda no curso de Educação Parental e Inteligência Emocional pela Academia Parent Brasil. É formada também em Turismo e Gestão Pública e mestre em Direção de Empresas Hoteleiras pela Universidade de Barcelona. Possui mais de 20 anos de experiência em hotelaria, gestão e liderança. É conferencista na área de turismo e hotelaria. Além disso, é treinadora organizacional, tendo treinado e implantado programas de qualidade em hotéis em Salvador, Rio de Janeiro, Teresina e Búzios. Atualmente, também é ministrante autorizada dos livros *Educar, amar e dar limites*, *O poder da ação* e *Decifre e fortaleça seu Filho*.

A educação é um dos fatores que mais influenciam no avanço e no progresso das pessoas e da sociedade. Ela é fundamental em todos os sentidos, uma vez que faz todos nós conseguirmos alcançar melhores níveis de bem-estar social e de crescimento econômico.

Só com uma boa educação as pessoas conseguem alcançar melhores empregos, ampliam-se as oportunidades dos jovens, reduz-se a pobreza e dá-se possibilidade às pessoas de terem melhores condições de vida.

Segundo Alves (2015),

> é cada vez mais evidente que a solução para a violência, a alienação, o incipiente desenvolvimento econômico ou para as desigualdades sociais é a educação.

Ao enriquecer o cérebro com informação nova e valiosa, o estudante melhora a sua capacidade de pensar, analisar e processar. De acordo com Alves (2015, *apud* GARRIDO, 1997), "a educação é um processo de humanização que ocorre na sociedade humana com a finalidade explícita de tornar os indivíduos participantes do processo civilizatório e responsáveis por levá-lo adiante".

Existem dois momentos na educação mundial, um momento antes da pandemia de covid-19 e um outro, em março de 2020, quando fomos levados ao ensino remoto emergencial. Estamos vivendo hoje o "novo normal" e, como tal, fomos levados a repensar ou recontextualizar a nossa vida como um todo. Foram necessárias algumas modificações; sejam trabalhistas, de convívio social ou, no nosso caso específico, educacional.

Desde o início da pandemia, o ensino passou de totalmente presencial para totalmente digital. E isso gerou diferentes desafios nos atores que fazem parte do processo educativo. Essa situação criou incertezas.

Hoje, em 2022, já estamos mesclando momentos on-line com momentos presenciais. Mas, seja na modalidade totalmente EAD ou híbrida, ainda temos alguns desafios. De acordo com Souza (2018, *apud* MACIEL, 2017):

> Na modalidade EAD, a distância transacional torna-se uma questão crítica e essencial. O distanciamento geográfico e o isolamento relativo do aprendiz – características da modalidade – podem ampliar a distância entre os professores e aprendizes, e gerar a tão frequente evasão.

Outro ponto observado desde o início da pandemia foi em relação aos professores, que foram levados a enfrentar novos desafios. Novas maneiras de ensinar e de aprender tiveram que ser cogitadas e analisadas. O docente teve que ser assertivo e empático no momento de ensinar aos estudantes. Motivar os jovens para aproveitar as oportunidades do ensino passou a ser o ponto crucial no dia a dia do professor. Vieira (2020) nos traz que:

> A situação gerada pela covid-19 evidenciou questões já existentes no ensino presencial, agravou essas situações e, ainda, antecipou outras, demonstrando a necessidade urgente de investimento massivo, em estrutura física e pessoal, para que possamos honrar o que determina nossa Constituição. Trouxe à tona, também, de forma bastante escancarada, a necessidade de formação docente para esse "reinventar da escola", uma vez posta, de forma que nos parece incontornável, a necessidade de, finalmente, invertermos a chave das práticas pedagógicas, promovendo um ensino ativo – cuja expressão, apesar de repisada, não encontra aplicabilidade efetiva na maior parte dos sistemas educativos – e tornando a pedagogia usuária ativa e indutora de tecnologias.

Segundo Andrade (2018, *in* PILETTE, 2004):

> A motivação é fator fundamental da aprendizagem. Sem motivação não há aprendizagem. Pode ocorrer aprendizagem sem professor, sem livro, sem escola e sem uma porção de outros recursos. Mas mesmo que existam todos esses recursos favoráveis, se não houver motivação não haverá aprendizagem.

Várias vulnerabilidades foram expostas com o surgimento da pandemia de covid-19. Uma delas é o pouco investimento que havia, nas escolas, sejam elas particulares ou públicas. Quando a pandemia começou, expôs escolas, professores e governos. Muitos estudantes não conseguiram dar continuidade aos estudos, pois as escolas e os professores não sabiam como trabalhar com os estudantes virtualmente. De acordo com Vieira (2020):

> A situação iniciada, a partir do contágio mundial em massa pela covid-19, ainda que se trate de uma questão de saúde pública, afetou o cenário mundial em seus mais diversos campos, trazendo consequências econômicas, políticas, sociais e, logo, também, ao campo educacional.

Um dos desafios dos professores na educação virtual, na época da pandemia, foi a mudança que ocorreu em seu papel dentro da virtualidade. Como já não atuavam diretamente nos espaços de aprendizado, agora o seu papel era orientar e acompanhar alunos e famílias para, juntos, alcançarem os objetivos propostos. A dificuldade disso era encontrar estratégias que permitissem a promoção do desenvolvimento e aprendizado. Segundo Lopes (2017):

> Nessa modalidade, a relação ensino-aprendizagem é estabelecida pela interação do aluno com os ambientes virtuais, com os materiais didáticos, com os colegas e, fundamentalmente, pela mediação que é feita pelo professor. Trata-se de elemento fundamental, pois consideramos que a forma como o professor interage em tais ambientes poderá possibilitar o sucesso ou o fracasso no processo de construção de conhecimentos dos alunos.

A educação em casa gerou uma grande dificuldade para as crianças, que precisaram formar novos vínculos com os professores. Elas precisaram explorar diferentes plataformas, uma vez que estavam afastados fisicamente dos seus espaços educativos e recreativos, e, agora, esses momentos passaram a ser de forma remota. De acordo com Vieira (2020):

> Esse período de atividades escolares em casa evidenciou que a aprendizagem, além de envolver planejamento e mediação competente de um profissional com formação para tanto, o que, por si só, já é tarefa dificílima, envolve também a capacidade de motivar os estudantes para que se engajem aos processos de aprendizagem – e os pais, em sua maioria, ainda que recebam conteúdos devidamente selecionados e planejados, não conseguem promover essa motivação de modo que seus filhos sejam independentes e autodeterminados para aprenderem, o que dificulta a realização das atividades e a aprendizagem em casa.

Nos espaços digitais, acontecem diversas situações: distração, dificuldade de comunicação, dificuldade com as ferramentas digitais. Algo muito particular que também pode ocorrer são professores que caem na monotonia ou estagnação de modelos tradicionais de ensino que não são muito atrativos para os estudantes, levando ao aluno um certo desânimo com a aula.

Para Souza (2017), "a aprendizagem requer mais do que a acumulação de informações. É necessário que aquele conhecimento tenha um significado e se estruture no aparato cognitivo e experiencial do aluno".

Não tem como negar que a educação virtual veio para ficar. Ela não mais será uma opção, mas fará parte do currículo normal dos estudantes. O que precisamos entender é que a "fria" plataforma oferece apenas a virtualidade, porém não podemos nos esquecer de que a aproximação entre os estudantes e os docentes, a convivência, a cordialidade, a motivação e, sobretudo, a afetividade são os motores capazes de levar os estudantes a alcançar a correta continuidade nesse processo de educar. De acordo com Souza (2018):

> A EAD é, certamente, a educação do futuro. Porém, assim como a cisão com o ensino presencial tradicional foi necessária, talvez uma nova quebra de padrão dentro da EAD se faça crucial: a quebra do ensino massificado e robótico, em prol de uma metodologia mais orgânica, fluida e personalizada.

Lopes (2017) aponta que:

> Estamos, portanto, diante de uma modalidade educativa que tem capacidade de promover transformações importantes no campo da educação para atendimento de uma demanda social e para a construção de conhecimento.

É fundamental cuidar dos aspectos socioemocionais nessa nova realidade educacional, por exemplo, como fazer a gestão das emoções, lidar com as frustrações, comunicação familiar, autoestima, estresse e respeito. Vale ressaltar que o aprendizado é social. Aprendemos um com o outro. Segundo Andrade, (2018), "afetividade é um sentimento o qual o indivíduo desenvolve, gradativamente, por meio da socialização com os demais".

O aspecto afetivo é muito importante para o processo de aprendizagem. Quando se educa, o espaço deve ser flexível e amigável, de modo a permitir que os estudantes possam aprender e compartilhar conhecimentos e experiências, seja esse processo presencial ou não.

Souza (2018) nos traz que "a afetividade contribui para que o aluno aprenda de forma fluida e agradável. À medida que esse aprendizado se mostra prazeroso, a motivação para continuar aprendendo se torna real e contínua".

Para que o processo de aprendizagem virtual seja assertivo, é preciso algumas ações, tais como: ter empatia, colocar-se no lugar do outro, ter um tom de voz firme e, ao mesmo tempo, gentil, criando vínculos e afetividade.

Outro aspecto importante é a comunicação. A maneira como o professor se dirige aos estudantes, principalmente no ensino virtual, fará toda a diferença no processo de aprendizagem. De acordo com Andrade (2014):

> O tutor deve privilegiar uma linguagem mediadora entre eles e os alunos, valorizando todas as dimensões humanas, tais como: razão, sentimentos, emoções e espiritualidade no processo de ensino e aprendizagem.

Se o professor consegue explicar de forma simples e clara o seu conteúdo, se ele consegue atrair a atenção do estudante criando um ambiente agradável de aula, consequentemente os alunos se mostrarão mais comprometidos e conseguirão alcançar os objetivos propostos. Souza (2018) e Pacheco (2014) mostra que:

> Quando a relação professor-aluno é recíproca de bons encontros, cria-se um laço afetivo, colaborando para o processo de ensino e aprendizagem. O tom da voz, gestos e palavras são grandes aliados do professor para estabelecer uma boa comunicação afetiva com seus alunos.

Outro aspecto a ser observado é o entorno e a socialização. É preciso criar um clima de confiança, respeito e equilíbrio dentro da sala de aula, seja presencial ou virtual, de modo que o estudante tenha todas as ferramentas ao seu alcance e se sinta cômodo para expressar suas dúvidas e opiniões com total liberdade. De acordo com Campos (2014):

> Na educação a distância é impossível separar a efetividade da afetividade, pois o tutor pode provocar estímulos para sensibilizar o aluno e seduzir para um processo individual ou coletivo de aprendizagem. O aluno precisa estar comprometido, mas a iniciativa, primeiramente para estabelecer as relações afetivas, foi dada aos tutores.

A atitude positiva do professor ajudará os alunos a olharem com maior esperança para o futuro. A felicidade dos alunos fortalecerá os vínculos e, por meio deles, terão um aprendizado significativo. Sem afeto, atenção e atitude positiva do professor, não existe aprendizagem. Segundo Andrade (2018):

> Envolver os conteúdos ao cotidiano, sentimentos e experiências vividas das pessoas naquilo que nutre o currículo escolar é imprescindível, pois a afetividade faz parte do conjunto da metodologia do ensino-aprendizagem. Começa no acolhimento, resulta no processo de envolvimento e beneficia a todos os sujeitos envolvidos.

O processo de aprendizagem é um caminho. O objetivo de um professor é estimular o interesse do aluno, incentivando, provocando e despertando nele a busca pelo conhecimento. Segundo Souza (2018, *apud* SARNOSKI, 2014):

> No processo ensino-aprendizagem o professor, como elemento mais importante do processo de desenvolvimento da afetividade com o aluno, deve passar-lhe metas claras e realistas, levando esse a perceber as vantagens de realizar atividades desafiadoras. O aluno precisa sentir vontade de aprender, e o professor é quem pode despertar essa vontade no aluno. A afetividade na educação constitui um importante campo de conhecimento que deve ser explorado pelos professores. [...] uma vez que, por meio dela, podemos compreender a razão do comportamento humano, pois a afetividade é uma grande aliada da aprendizagem.

É importante reconhecer que ainda existem muitas situações e contextos que não foram avaliados para entendermos amplamente os desafios da educação virtual e afetividade, mas é um passo para entender e transformar as formas de educar que existem no momento.

Devemos refletir que precisamos seguir em direção a amplos espaços de debates que assegurem um acompanhamento adequado a estudantes, professores, famílias, comunidade e escolas.

AFETIVIDADE E EDUCAÇÃO VIRTUAL

ATITUDE POSITIVA DO PROFESSOR

- Desperta, no aluno, o interesse pela busca do conhecimento
- Criação de uma sensação de bem-estar em sala de aula
- Desenvolve o aluno integralmente

EMPATIA

- Respeito
- Boa disposição para aprender
- Participação ativa

AMBIENTE AGRADÁVEL

- Sensação de pertencimento
- Bom clima em sala de aula
- Comprometimento

COMUNICAÇÃO

- Fomenta a participação
- Clima de confiança
- Socialização

ESCUTA ATIVA

- Acompanhamento adequado
- Criação de vínculos
- Fortalecimento da autoestima dos alunos

FLEXIBILIDADE

- Metodologia mais personalizada
- Aprendizado mais apropriado
- Qualidade no aprendizado

Figura 1: Dicas para uma aprendizagem virtual afetiva

Referências

ALVES, V. J. S. O direito à educação e suas perspectivas de efetividade. *Revista Âmbito Jurídico*, n. 142, São Paulo, nov. de 2015. Disponível em: <https://ambitojuridico.com.br/cadernos/direito-constitucional/o-direito-a-educacao--e-suas-perspectivas-de-efetividade/#:~:text=Resumo%3A%20O%20texto%20constitucional%20assegura,assegurado%20a%20todos%20os%20cidad%C3%A3os>. Acesso em: 09 fev. de 2022.

ANDRADE, K. J. B. *Sentidos da afetividade na BNCC: análise no ensino fundamental, anos iniciais.* Tese (Licenciatura). Curso de Pedagogia, Universidade Federal da Paraíba, 2018.

CAMPOS, I. M. S.; MELO, M. S. M.; RODRIGUES, J. F. *Educação a distância: o desafio da afetividade na percepção de tutores e alunos.* Disponível em: <http://www.abed.org.br/hotsite/20-ciaed/pt/anais/pdf/268.pdf>. Acesso em: 09 fev. de 2022.

LOPES, A. L. S.; VIEIRA, M. M. S. *Afetividade em ambientes virtuais de aprendizagem.* Disponível em: <https://eventos.set.edu.br/simeduc/article/view/9464/4117>. Acesso em: 10 fev. de 2022.

SOUZA, O. L.; MONTEIRO, M. R. M. A importância da afetividade no processo de aprendizagem na EaD. *Revista Ensaios Pedagógicos*, Sorocaba, v.8, n.2, p.118-135, 2018. Disponível em: <https://www.opet.com.br/faculdade/revista-pedagogia/pdf/v8n2/A-IMPORT%C3%82NCIA-DA-AFETIVI-DADE-NO-PROCESSO-DE-APRENDIZAGEM-NA-EaD.pdf>. Acesso em: 10 fev. de 2022.

VIEIRA, L.; RICCI, M. C. C. *A educação em tempos de pandemia: soluções emergenciais pelo mundo.* Santa Catarina, abr. de 2020. Disponível em: <https://www.udesc.br/arquivos/udesc/id_cpmenu/7432/EDITORIAL_DE_ABRIL___Let_cia_Vieira_e_Maike_Ricci_final_15882101662453_7432.pdf>. Acesso em: 11 fev. de 2022.